JN417824

기도

하늘을 감동시키는 길

전이창 지음

기도

하늘을 감동시키는 길

전이창 지음

원불교출판사
WON BOOK

다시 책을 내면서

기도는 내 안으로 신념을 다지는 길이다.
매일 매일 정성으로 염원 올릴 때
이 소원을 기필코 이루리라는 의욕과
반드시 이루어지리라는 믿음이
굳게 자리 잡게 되는 것이다.
신념은 기적을 낳는다고 했다.
기도의 신념이 정성으로 이어질 때
정성은 기적을 불러오는 것이다.
정성스러운 기도는 진리와 내가 하나가 되어
법신불의 위력을 끌어올 수 있기 때문이다.
인간이 만물의 영장이라 하지만
자력으로는 살 수 없을 뿐 아니라
이 세상에 태어날 수도 없다.
자력 못지않게 타력으로 살아가는 것이

우리들이다.

현실적으로 필요한 타력은 처지와 상황을 따라

얻을 수가 있다.

그런데 만일 음계의 위력을 빌릴 수만 있다면

내 자력이 참으로 실다운 자력이 되고

기적도 가능하다.

기적, 이 음계의 위력은

오직 기도의 힘으로만이 얻을 수 있다.

그러므로 동서고금의 성자들이 이구동성으로

기도하라고 하셨다.

대종사님께서는 일천 정성이 사무치고

일백 골절에 힘이 쓰이도록 기도하라고 하셨다.

우리 모두 세상을 살아가는데

기도를 밑받침으로 하고

모든 일에 정성과 노력을 다한다면

마침내 크게 안정을 얻고

대용기와 대정성으로 큰 공을 이룰 것이다.

그리고 기도를 오래 계속하면
타력만 얻어지는 것이 아니라
내 마음의 삼독심이 녹고 업력도 녹아
자성이 청정해지고
마침내는 천권을 잡아 쓰는 사람이 되는 것이다.
즉, 타력과 자력을 아우르는 사람이 될 것이다.
내가 평소에 기도를 하였고
중앙훈련원에서 기도에 대해 강의한 것을 정리하여
소책자로 낸 적이 있었다.
이번에도 부족한 점은 있지만
미흡한 점을 보완했다.
이 책이 기도에 뜻이 있는 이들에게
한 지침서가 되고 참다운 기도생활의 촉진제가 되어
다 같이 진리의 위력을 얻어
큰 공 이루기를 바라는 마음 간절하다.

전이창 합장

왜 기도해야 하는가
– 사람은 왜 기도를 하는가

인간은 이 지상에 존재하면서부터
자신도 모르는 가운데 은연중 기도를 해왔다.
목적이 있고 믿음이 있는 사람은 기도를 하였고
수행인일수록 지극한 기도를 하여 왔다.
충무공은 싸움터에 나아갈 때면
나라를 위해 기필코 승리해야겠다고
언제나 맹세하는 기원을 올렸다.
"맹산(盟山)하니 초목지(草木知)요,
서해(誓海)하니 어용동(魚龍動)이라."
산에 맹세하니 산천초목이 느껴 알고
바다에 맹세하니 물고기와 용이
감동하였다고 했다.
대종사님의 삼밭재 5년 기원이

성불의 기초가 되었고 9인 선진님은
혈인서천(血印誓天)으로 회상을 여는
법계의 인가를 얻었다.
기도는 신앙의 기본이 되고 수행의 기초가 되므로
모든 종교의 중요한 수행덕목이 되어왔다.
그러기 때문에 신앙인·수행인은
기도를 하지 않고서는
진정한 수행 길에 들 수 없는 것이다.
그러나 기도하지 않아도 의식주를 해결하고
살 수 있는데 왜 구태여 기도해야 하며
그 필요성은 어디에 있을까 하고
생각하는 사람들도 있을 수 있다.
그러나 목적이 있는 사람이 기도하지 않고서
목적하는 바를 이룰 수 없다.
성공은 개인 혼자의 힘으로 되는 것이 아니라
진리의 힘이 있어야 하고
불보살의 호념이 가피해야 하며

또 이웃의 도움과 대중의 힘이 함께 해야
비로소 무난히 일을 이룰 수 있고
목적하는 바의 성공을 가져올 수 있기 때문이다.
기도는 그 힘을 얻는 길이 되며
그 감응을 얻는 길이다.
아무리 작은 일이라 하더라도
나 혼자의 힘으로 되는 것은 없다.
하늘의 감응을 얻어 천력(天力)을 빌리고
불보살의 감응을 얻어 법력을 빌리고
또 대중의 감응을 얻어
대중의 합력을 얻어야만 하고
그것을 얻는 길이 기도이다.
그러기 때문에 목적이 있는 사람은
기도하지 않을 수 없다.
대종사님께서 기도를 교법으로까지
제정하신 까닭도 바로, 이 때문이다.
그러면 기도의 감응 원리는 무엇인가?

하늘의 감응

예부터 지성(至誠)이면 감천(感天)이라는
말이 있다.
지극히 정성을 들이면 하늘이 감동한다는 뜻인데
곧 하늘을 감동시키는 길이 기도이다.
하늘에는 식(識), 즉 앎이 있다.
생각 없는 가운데 행하는 앎이고
생각 없는 가운데 나타나는 앎이며
지극히 공정하고 원만하고 사사로움이 없는
앎으로서 이것이 곧 하늘의 밝음이다.
이 밝음이 만유를 통찰하고 간섭하며
우리의 짓는 바를 따라 보응하는 것이다.
이 앎이 들어 선한 자는 선으로
악한 자는 악으로 갚게 하는 것이다.
우주의 진리는 공적(空寂)한 가운데

영지(靈知)의 광명이 있으므로 소소영령하고
지극히 공정하게 감응을 나타낸다.
그래서 우리는 기도를 통하여
하늘의 감응을 얻고
'천력(天力)'을 얻을 수가 있다.
사람의 지극한 정성은 하늘의 뜻도 능히
움직인다. 식물은 땅에 뿌리를 내려
땅의 기운을 받고 살 듯이
사람은 하늘에 뿌리를 박고
하늘의 감응을 받고 산다.
미약하고 보잘것없는 우리 인간일지라도
한계상황에 닥치거나
도저히 뛰어넘을 수 없는 경우가 올 때
하늘을 뚫는 지극한 기도로
위대한 천력(天力)을 빌려
무난히 그 난경을 해결할 수 있다.
다시 말해서, 진리의 위력을 빌리고

사은(四恩)의 위력을 입을 수 있는 길이
바로 기도이다.
기도는 진리와 대화하는 길이요,
진리에 간곡히 호소하는 길로써
기도를 통하여 진리의 뜻, 하늘의 뜻을
능히 움직일 수 있게 되는 것이다.
송광사의 한 스님으로부터
기도에 얽힌 기막힌 이야기를 전해 들은
교도님이 다시 나에게 들려주었다.
몇십 년 전 부정선거가 있었고
정권이 무너지면서
사회가 극도로 혼미해졌을 때
한 고위간부가 사형을 언도받고 그로 인해
그 집안은 일시에 비탄에 빠지고 말았다.
불심이 대단하던 그 어머니는 평소
절에 큰 불사가 있게 되면
누구보다도 앞장서서 동참하였고

새벽불공이 있는 날이면
신새벽에 가장 먼저 도착하여
일천 정성을 쏟아 부처님 전에 절하고
신심을 바쳐왔다.
아들을 사랑하는 정도 남달랐던 그 어머니가
위기에 처한 아들을 구하기 위해서는
부처님께 기도하는 길밖에 없다는 생각으로
백 일 동안 거의 초인적인 힘으로
부처님께 아들을 살려달라고 매달렸다.
이 광경을 지켜본 스님들도
깊이 감동하였다.
그렇게 기도하기를 100일째 되는 날 12시 정오
참으로 기적 같은 뉴스가 흘러나왔다.
그 아들의 사형이 사면되었다는 것이다.
이 극적인 뉴스를 듣고 어머니는
그대로 혼절하고 말았다.
죄가 없었는데도 혼미한 시기여서

고위직이라는 이유로 사형까지 언도받았다가
그 어머니의 하늘에 사무치는 지극 간절한
기도의 위력으로 진실이 밝혀져
마침내 극적으로 사면된 것이 아닐까.
옛날에는 국가에 중요한 일이
생기면 천제께 고하는 행사를 했다.
중국의 황제는 나라의 중대사가 있을 때마다
태산에 올라가 상제께 고하였다고 한다.
평범한 사람이라도 큰일을 할 때
사 없는 순일한 공심으로만 하면
이루어지지 않는 일이 없고
정성으로 진리 전에 기도해서
위력이 응하지 않는 바가 없다.
하늘에 사무치는 기도 일념이 될 때
진리와 한 덩어리가 되고, 한 몸이 되어
천권(天權)을 마음대로 잡아 쓰게 되는 것이다.
이렇게 될 때 그 사람은 평범한 인간이 아니라

하늘의 힘을 소유한 사람, 즉 천력(天力)을
소유한 천인(天人)이 되는 것이다.
그러한 사람은 천력으로써 일을 하므로
가히 기적도 이룰 수 있는 것이다.
정산 종사 말씀하시기를
“그대들은 조석심고를 올릴 때에
우주의 진리와 자신이 부합이 되어 크게 위력을
얻을 수 있다는 확고한 신념이 서 있는가.
얼른 생각에는 마음으로 잠깐 고하는 것이
무슨 위력이 있을까 싶지마는
우리가 마음으로 생각하는 것이
다 허공 법계에 스며드나니,
그대들은 심고할 때뿐 아니라
언제나 마음의 움직임에 주의하며,
조석심고를 일심으로 드리는 것이
큰 공부가 되고 큰 위력이 있음을 잊지 말라.
동란을 우리가 무사히 넘긴 것은

우리 대중이 일심으로 심고 올린 위력에도
크게 힘입었나니, 우리가 낱 없는 마음으로
남을 위하고 상 없는 마음으로 공부하면
그 기운으로 교단이나 나라나 세계가
큰 위력을 얻을 수 있느니라." 하셨고
또 "정당한 일에 지극한 정성을 들이면
그 정성의 정도와 일의 성질에 따라서
조만은 있을지언정 이루어지지 않는 일이 없으며
그 이루어지는 것은 사실적으로
그 일이 잘 진행되어 점차로 목적을
달성하는 수도 있고
또는 불가사의한 기운이 응하여
일시에 그 목적이 이루어지는 수도 있느니라.
9인의 혈인이 날 때 우리 회상은
법계의 인증을 받았나니,
현실의 큰일들은 다 음부(陰府)의 결정이
먼저 나야 하느니라." 하셨다.

불보살의 감응

하늘의 감응뿐만 아니라
위대한 하늘의 힘을 자신의 힘으로 행사하는
불보살의 법력을 내 힘으로 만들 수 있는 것이
또한 기도이다.
기도는 과거·현재·미래의
모든 불보살과 함께하는 시간으로
불보살에게 나의 고뇌를 고백하고
나의 소망을 간절히 청원하는 길이다.
불보살에게 올리는 기도가 오롯한 일념이 되면
삼세제불과 내 마음이 하나로 이어지고
과거·현재·미래의 모든 부처님과
성자들의 영혼과 내 영혼이 만나게 된다.
그리하여 부처님과 모든 성자와
신맥이 통하여 법의 맥이 이어지는 것이다.

이렇게 될 때 비로소 나는 공인(公人)이 되고
무슨 일을 하거나 나의 능력으로 하는 것이
아니라 불보살의 법력으로 일하게 된다.
그러므로 큰일이 있을 때는 선영이나 성인이
모셔진 사당이나, 법당 또는 영모전에 참배하고
봉고를 드리는 것이다.
이때 봉고 일념이 되면
불보살의 법력이 응하는 것이다.
그러므로 도덕사업이나 공사는 물론,
설사 사적인 일일지라도 욕심이 아닌
공심(公心)으로 기도하면
공사(公事)가 이루어지는 동시에
그로 인해 자연히 내 일도 이루어지게 된다.

대중의 합력

기도는 또한 대중의 감응을 얻는 길이다.
정성이 사무친 기도를 드리는
사람의 말과 행동은 마치 자석과 같아서
사람들의 마음을 움직이고
끌어당기는 인력이 그 사람의 내면에 생긴다.
그래서 말 한마디가 능히 대중의 마음을 움직이고
행동 하나하나가 대중의 마음을 움직이고
행동 하나하나가 대중의 마음을 사로잡는
놀라운 호소력이 있게 되는 것이다.
이런 사람한테는
사람 사람의 마음속에 감동의 물결을 일으키고
만인이 호응하고 동참하고 협조할 마음이
나도록 하는 힘이 있다.
이것이 기도의 위력으로 나타나는 현상이다.

나는 중앙훈련원[현재 원불교대학원대학교]
건축을 빈손으로 시작하였다.
추진자들은 아득하기만 하고 암담해서
아무런 생각이 나지 않았다.
그때 대산 종법사님께서
“이 일은 우리 교단의 보은 사업으로 해야
한다. 나도 보은해야겠다.” 하시고
대종사님, 정산 종사님, 9인 선진님,
몇 분 선진님, 그리고 대산 종법사님의 선조
이름을 써주시며 근 백만 원을 마련해주셨는데
그때로는 상당히 큰 액수였다.
그렇게까지 해주셨을 때
‘참 진실로 이 일을 해내야겠구나.’ 하는
생각이 들면서 가슴이 뭉클하였고
이때의 감동이 오롯한 기도 정성이 되고
추진력이 되었다.
그 후 우리의 기도 정성이 대중의 가슴에

점점 전하여졌다.
대산 종법사님께서
이러한 우리의 정성을 살피시고 말씀하시기를
"하늘이 만일 응하지 않으면 하늘이 아니고
땅이 응하지 않으면 땅이 아니고
사람이 응하지 않으면 사람이 아니다."
하시면서 그때 천·지·인을
하나의 힘으로 뭉치셨던 것이다.
이제 돌아보니 우리는 그 힘으로 그 일을
무사히 이루어냈던 것 같다.
이렇게 공부인은 사업을 하는 가운데
대중 속에서 마찰도 있고 어려움도 겪으며
인내와 극기 속에서 또한
깊은 공부가 되는 것이다.
한 사람 한 사람을 놓고 보면
우리는 무능하고 대단히 미약한 것 같지만
천지가 할 일을 대신 맡아서 행하고

불보살들이 해야 할 성불제중의
거룩한 작업을 함께 하고 있는 것이다.
이 일은 안으로 신명(身命)을 다 바쳐서
정성스럽게 기도드리는 그 위력으로
이루어지는 것이다.
기도의 위력 없이 어떻게
일의 성공이 있겠는가?
대종사님, 정산 종사님, 대산 종사님
그리고 9인 선진님께서 그 어렵고 간고하던
교단 창립 시절에 참으로 가진 것 없이 일어섰으나
오늘이 있는 것은
그 어른들의 지극한 기도의 위력이라 본다.
밖으로 나타난 현재의 우리 교단이
비록 발전했다고 말할 수 있을지 모르나
이것은 빙산의 일각이다.
우리 눈에 보이는 거대한 빙산의 모습은
수면 위로 다 드러난 것이 아니다.

수면 위에 드러난 것은 겨우 일각에 불과하고
대부분은 수면 아래 숨어서 중심을 잡아주기 때문에
빙산의 일각이 우뚝 드러나게 되는 것이다.
마찬가지로 우리의 오늘도 그 이면에는
9인 선진님이 신명을 다 바친 기도의 위력과
출가재가 한 사람 한 사람의 정성 된 기도가
대부분을 차지하고 있다.
이처럼 우리가 미미한 것 같아도
보이지 않는 정성으로 밑바닥에서
탄탄한 받침이 되는 것이다.
우리의 역사는 한 사람의 기상천외한
힘으로 이루어져 가는 것이 아니라
대중의 합력으로 이루어져 간다.
마치 한 방울 한 방울의 물이 모여
큰 바다를 이루듯이
한 사람 한 사람의 마음이 모여
대중의 합력이 이루어질 때

큰일들이 이루어지고
고락을 함께하고 삶도 죽음도 함께 할
혈심동지를 얻게 되며
교단 일을 자기 일로 아는 주인이
많이 배출되는 것이다.
아직도 우리 교단은 창립 단계다.
앞으로 대종사님께서 점찍어 놓으신
여러 가지 일들을 그 기초만이라도
세워 놓아야 하기 때문이다.
대종사님께서는 세계의 종교 본부가
금강산에 있어야 한다고 하셨다.
삼동원이 신도안에 있을 때다.
대구 교도 한 분에게 대산 종법사님께서
"금강산 일을 아드님과 의논해 보시오."
하시면서 금강산 일까지 하면
대종사님께서 계획하셨던 일들이
대강 이루어진다고 말씀하셨다.

이처럼 우리는 아직도 창업 단계이다.
삼천 대천 세계의 육도 중생을
구제해야 할 우리이기 때문에
앞으로도 영원한 초창이요, 창업기다.
그래서 더욱더 쉬지 않고
대종사님의 뜻을 실현하기 위해
진리의 위력을 얻고
스승님의 법력을 빌어오며
불보살의 감응과 대중의 합력을 얻을 수 있는
정성스러운 기도가 그치지 않아야 할 것이다.
그리고 위력과 감응을 얻는 진리 기도로만
그칠 것이 아니라 처처불상이므로
사사불공으로 이어져야 실다운 불공이요,
참다운 기도가 된다.
허공법계가 무비불(無非佛)이요,
화화초초(花花草草)가 부처 아님이 없으니
우주만유를 부처님으로 또 진리로 모시고

받들 줄 알아야 실다운 기도가 된다.
불단에 잘 모셔져 있는 불상이나
저 높이 계시는 하나님께서는
공경 일념으로 기도할 줄 알면서도
내가 만나는 선악 귀천의 모든 인연과
나무 한 그루, 풀 한 포기는
부처님으로 하나님으로
공경하고 섬길 줄 모른다.
시골 교당 교무로 있을 때의 일이다.
어느 교무님의 친척이 근동의 큰 사찰 아래에서
여관을 운영하고 있다기에
부교무와 함께 찾아갔다.
마침 다음 날이 그분의 생일이어서
생일 불공하려고 장을 보러 갔다고 해서
기다리다 석양이 되어서야 그 집을 나왔다.
정류장에서 기다리던 버스가 당도하였는데
우리가 찾아갔던 바로 그분이 마침

그 차에서 내렸다.
그런데 다른 사람과 큰 소리로 말다툼을
하는 것이었다.
부처님께 올릴 귀한 물건을
함부로 제쳐버렸다고
욕설까지 하면서 싸우는 바람에
알은체를 차마 하지 못하였는데
그 후로 만나지 못하고 말았다.
우리가 불상 앞에서나 십자가 앞에서는
온순하고 겸허하면서도
살아있는 사람 부처님한테는
거만하고 함부로 대하기 쉽다.
대산 종법사님께서는
우리가 살아가는데 음계의 인증이 10%라면
양계의 인증은 90%라고 하셨다.
그러므로 진리 기도로 그치지 않고
현실 불공으로 이어가는 사람만이

양계의 인증까지 얻게 되는 것이다.
일상에서 만나는 상대방을
하나님으로 섬기고 부처님으로 공경하기란
진리를 향한 정성스러운 기도를 하는
사람일지라도 용이한 일이 아니다.
내가 젊어서 기도할 때면
목욕재계를 하고서 정성을 다했다.
그러나 법당을 걸어 나오면
기도할 때 경건하던 그 마음은 어느덧 사라지고
남을 함부로 하는 마음이 보여서
왜 이런 마음일까,
나는 왜 모든 사람을
법신불의 화현으로 보지 못할까,
왜 공경심이 나지 않을까 하고
심히 괴로워한 적도 있었다.
자기 내면의 번뇌망상과 삼독오욕이
정화되지 않은 상태에서는 부처의 마음이 될 수 없고

아만심과 질투심, 또 시기심이 있고서는
결코 부처가 나타날 수가 없다.
내가 부처가 아닌 마음으로는
이웃이 부처로 보이지 않을뿐더러
부처를 대하듯 공경하기는 더욱 어려운 것이다.
중생은 이웃을 중생으로밖에 보지 못한다.
그 사람의 본래면목을 보지 못하기 때문이다.
먼저 내 안의 부처를 발견하고
내 마음부터 부처의 마음이 되어야 비로소
만나는 모든 사람이 부처로 보이는 것이다.
그러므로 먼저 내 안의 부처,
내 안의 하늘을 계발해야 한다.
즉 견성을 해야 마침내 일체만물이
모두 부처로 보이고 은혜로 보이는 것이다.
이태조가 하루는 무학 대사를 향해
왕이니, 뭐니 하는 것 다 놓고
허심탄회하게 이야기를 하자 하고는

먼저 말하기를
“대사의 앉아있는 꼴이 마치 주린 개가
똥을 먹으려고 측간을 바라보고 있는 형상
(飢狗望厠之象)”이라고 했다.
이태조는 무학 대사의 입에서 더욱 짓궂은
말이 나올 것으로 예상하고 기다렸다.
그러나 무학 대사는 이태조를 향해
두 손을 모아 공손히 절하고
“영산회상 부처님 같습니다.”
하는 것이었다.
이태조는 군신 간의 모든 것을 떠나서
무슨 말이라도 하자 했는데 대사는 여전히
군신의 예를 지키는 것이냐고 나무랐다.
이에 무학 대사가 정중히 말하기를
“예, 개의 입에서는 개소리가 나오고
부처님의 입에서는 부처님의 소리가
나옵니다.”라고 대답했다.

그러니까 이태조는 개이니 개소리를 했고
자신은 부처님이라 부처님 소리를
했다는 것이었다.
결국 무학 대사가 더 큰 욕을 한 셈이다.
개는 아무리 좋은 노래를 부른다 해도
개의 소리밖에 내지 못하듯이
중생은 중생의 소리, 중생의 짓 밖에는
못하는 것이다.
내가 부처가 되지 않고서는
부처를 부처로 보지도 못하고
부처를 공경하지도 못한다.
타력은 자력이 밑받침되어야 얻을 수 있고
자력은 타력을 힘입어야 계발이 된다.
그러므로 기도를 통하여 진리의 위력을 얻고
자성불을 계발하여 자력을 얻어야
자타력을 병진해서 복혜 양족할 것이다.

원력을 뭉친다

기도는 밖에서 위력을 얻는 동시에
안으로는 원력을 뭉치는 길이다.
기도는 마치 나무에 거름을 주고
물을 주는 것과 같다.
조그만 새싹이 점점 자라서
마침내 아름드리 나무가 되는 것처럼
기도를 자꾸 드리면 우리가 바라는
소원의 나무가 아름드리로 자란다.
눈덩이를 자꾸자꾸 굴리면 커지듯
우리의 서원도 기도를 통해서 크고
단(丹)으로 뭉쳐진다.
그래서 끊임없이 기도를 드리면
엄청난 힘을 발휘하는 원력이 뭉쳐지는 것이다.
종로교당에 있을 때 선인장과(科)의

월하미인(月下美人)이라는 선인장을 길렀다.
참으로 좋은 것은 귀하고 또 잠깐인 것 같다.
꽃 모양도 크고 화판이 희고
속 수술과 안이 붉어서 매우 화려한
그 꽃은 밤에만 피었다.
9시에서 12시 사이에 잠깐 피었다가
자정이 지나면 곧 시들기 시작하는데
꽃을 보기 위해서 온 식구들이 둘러앉았다.
8시쯤 되니까 꽃이 피어나는 소리가 났다.
숨죽이고 고요히 기다리는데
봉오리가 팍팍 하고 벙글어지는 소리가
선명하게 들렸다.
봉오리를 피우기 위해 꽃 안에서 뻗지르는
그 힘은 일 년 동안 뭉치고 뭉친 힘일 것이다.
그처럼 우리도 기도할 때
내 안에서 그런 힘이 뭉쳐지는 것이다.
한 번 생각하는 것, 한 번 행동하는 것이

우리의 의식 속에 차곡차곡 쌓여서
잠재되는 것이다.
그러므로 오늘도 소원을 빌고
내일도 소원을 빌면 그 기원하는 것이
우리의 의식 속에 잠재되고 축적되고
원력(願力)이 되어
마침내 단(丹)으로 뭉쳐지게 된다.
월하미인의 꽃봉오리가 벙글어지듯이
내 안에 뭉쳐진 그 힘을 뻗쳐낼 때
우리의 크나큰 원력이
마침내 아름다운 꽃을 피우게 된다.
그 자리에 있던 식구들이 모두 감탄하였다.
그 아름다운 월하미인처럼
석가모니불께서도 과거세로부터
뭉치고 뭉쳐서 마침내 대각을 이루신 것이고
대종사님도 그리하셨을 것이다.
힘이 뭉치지 않고서 단(丹)이 어릴 수 없고

단이 어리지 않고서 원(願)을 이룰 수 없다.
이것이 만고의 원리요, 진리다.
그러므로 우리에게 서원이 있는 이상
기도를 하지 않을 수 없고
기도를 통해 힘을 뭉치지 않을 수 없다.

심력을 쌓는다

기도는 정진의 지름길이다.
정산 종사님께서 정력(定力)과 위력을 함께 얻는
지름길이 기도라고 하셨다.
사람이 밥을 먹고 잠을 자면
육신이 살찌고 건강해지듯이
기도를 하면 정신에 영양이 되어
정신이 건강해지고 힘을 얻게 된다.
대종사님께서 열반하셨을 때
하늘이 무너진 듯 탄식하는 형(亨)타원 오종태 님께
정산 종사님께서 어깨를 흔들며
'걱정하지 말라'는 그런 눈빛으로 달래신 후
상을 치른 뒤에 형타원님을 조용히 불러서
"그렇게 안심이 안 되거든
일주일만 기도를 드려보아라." 하시며

기도문을 직접 지어주시고
금강원 큰 방에 기도실까지 마련해 주시었다.
그래서 목욕재계하고 오전 10시에 시작하여
기도를 하면 정산 종사님께서 매일 같이 오셔서
가만히 둘러보시고 가셨다고 한다.
형타원님은 약속한 일주일간 기도를 마치고 나니
마음이 착 가라앉아서
대종사님께 바쳤던 그 정성과 그 정의가
바로 정산 종사님께로 옮겨가는 것을
느꼈다고 한다.
살아가면서 어떤 불안이 생기거나
넘기기 어려운 고비가 있을 때
지극한 정성으로 기도 일념이 되면
자신도 모르게 마음이 안정되고
착심과 욕심이 녹게 된다.
기도 일념이 될 때
순역 경계가 공부의 기회가 되고

어떤 시련도 넘어설 수 있게 된다.
그리고 상극의 기운도 상생으로 돌릴 수 있고
업력도 능히 녹일 수 있다.
기도 일념이 될 때 일심 정력이 쌓이고
우리의 자성이 청정해져서 성리가 밝아지고
깨달음의 길로 나아가게 되는 것이다.
그러므로 동정 간 상시기도로 천권을 잡아 쓰는
위력을 얻는 동시에 무시선 무처선으로 이어져서
실다운 자력을 얻어야 할 것이다.
자력으로 대정(大定)에 들고 적멸보궁에 들어야
생사를 자유하고 거래를 임의로 할 수 있다.

기도에 앞서

기도를 하려면 먼저 준비하고
갖추어야 할 것이 있다.
집을 지을 때 먼저 기초를 다듬어야 하고
밥을 지으려면 쌀과 물과 불이 있어야 하듯이
기도를 하려면 먼저 선행되어야 할 것이 있다.

신심이 독실해야

기도하려면 무엇보다
신심이 바탕이 되어야 한다.
신심이 있어야 비로소
참다운 기도가 되기 때문이다.
진리를 믿지 않고 흔히 내 양심을 믿고 살지
종교를 믿을 것이 무엇 있느냐 하면서
자신을 과신하고 타력을 불신하는 사람은
결코 기도할 수 없다.
기도는 진리의 위력을 믿어야 비로소 가능하게 된다.
가령 조상이 자기에게 음공을 준다는
믿음이 있는 사람은 조상의 음공을 얻으려고
기도를 드린다.
그렇듯이 우리가 진리에 대한 신심이 있으면
기도를 안 할 수가 없는 것이다.

그러기에 신(信)은 기도의 뿌리요,
수행의 뿌리요, 봉공의 뿌리이다.
또한 신은 도(道)의 근원이요,
공덕의 어머니라 한다.
이렇듯 신(信)은 만사를 이룰 수 있는 원동력이다.
예수님께서는 "믿음이 있는 자는
능치 못할 것이 없다."라고 했다.
영천영지(永天永地)하고 영보장생(永保長生) 하는
생멸 없는 진리를 믿고서 기도를 안 할 수 없고
인과의 진리를 꿰뚫어 보고서는 기도 안 할 수 없다.
진리에 대한 믿음이 있는 사람은
역경을 당할 때는 지나간 날에 내가 지은
업으로 알고 안분하고 참회하며
전화위복이 되도록 기도하며
순경을 당해서는 거기에
흘러가지 않도록 기도한다.
즉 진리에 대한 믿음이 있는 사람이라야

참된 기도를 할 수 있는 것이다.
믿음은 지식으로 이루어지는 것도 아니고
권력으로 취할 수 있는 것도 아니며
금력으로 사 올 수 있는 것은 더더욱 아니다.
우리의 가슴에 적시어 오는
절실한 체험이 아니고는 얻을 수 없는 것이다.
신심이 있어야 기도가 되어지고
기도를 통해서 신심은 커진다.
또한 신심은 헌신적으로 남을 돕고
남에게 자신을 바치는 봉사를 통해서 성숙해간다.
신심과 기도가 서로 밑받침이 되는 것이
참으로 묘하다.
기도는 신심의 밑받침이 되고
신심은 기도의 밑받침이 있어야 점점 커간다.
이렇게 뗄 수 없는 연관성을 지녔기 때문에
기도를 하려면 먼저 마음 중심에 신(信)을
세워야 하는 것이다.

간절한 소원이 있어야

기도를 간절하게 하는 사람에게는
대개 간절한 소원이 있다.
에디슨은 발명의 왕이다.
에디슨이 발명에 골몰하다 보니
생활이 곤궁해져서 어머니가 밤늦도록
품삯을 벌기 위해 한 땀 한 땀
삯바느질을 했다.
그 어머니의 불편하고도 힘든 고달픔을
안타깝게 여긴 에디슨이 어떻게 하면
어머니의 불편을 덜어드릴까 하고
궁리해서 발명한 것이 재봉틀이다.
그러기에 에디슨이
"필요는 발명의 어머니"라고 말했다.
참으로 필요를 느끼면

그와 같이 훌륭한 발명을 낳게 된다.
마찬가지로 꼭 이루려는 소원이 있는 사람은
기도를 하게 된다.
그러므로 수행자들은
먼저 큰 서원을 세우는 것이 중요하다.
수행자들에게는 서원이 생명이다.
수행자가 서원이 없이 일생을 살아간다면
허수아비와 다름없다.
사람이 하룻길을 떠나도 목적이 있는데
세상에 태어나 일생을 특별한 목적이 없이
산다는 것은 헛된 삶이라 하지 않을 수 없다.
만일 수행자로서 서원이 없다면
수행자의 옷을 입고 살아가야 할 하등의
이유나 가치가 없는 것이다.
서원만 굳건히 세우고 간다 해도
한생의 큰일을 하고 가는 셈이 된다.
사람은 누구나 목적이 있어야

기도를 하게 된다.
크나큰 소망이 있고서
어찌 기도를 안 할 수 있겠는가?
더욱이 우리에게는 부처님 같은
남다른 사홍서원이 있고
이 서원을 이루려면 기도를 안 할 수 없다.
돌이라도 능히 뚫을 만큼
하늘에 사무치는 지극하고 간절한 원이 있어야
동정 간에 기도 일념이 된다.
그러므로 먼저 서원을 세우고
기도에 들어가야겠다.

먼저 천도재를 올리고

옛날에는 이웃 동네만 가려고 해도
하루 나들이가 되었다.
서울이란 곳은 한평생 가보지도 못한
임금님 계신 곳으로만 알고 살았다.
그러나 지금은 세계 어디나 일일생활권이며
이웃 나라 동서양이 이웃집이 되었고
달나라 별나라와도 통신이 가능하게 되었다.
이 세계는 하나의 세계로 통하고 있다.
그러나 우리의 심리세계는 아직도
지척이 천 리로 구 척이나 높은 담을 치고
국가와 국가끼리 종족과 종족끼리
씨족은 씨족끼리 개인은 개인끼리
서로 다투고 원수시해왔다.
"한 울안 한 이치에 한 집안 한 권속이

한 일터 한 일꾼으로 일원세계 건설하자"라는
게송을 내리셨던 정산 종사께서는
삼동윤리를 설하여 종교의 울도
사상의 벽도 생명의 차별도 넘어서서
한 집안 한 식구의 정으로
하나의 세계가 되도록 길을 열어주셨다.
내가 서울교당에 있을 때의 일이니
1956년이나 1957년 무렵이다.
정산 종사님을 뵙기 위해 총부에 갔다가
계시지 않아 장수까지 간 적이 있었다.
그때 건강도 안 좋으시고 몸도 불편하신 때였는데
한 사람이 찾아가도 두 사람이 뵈러 와도
삼동윤리의 법문을 하시고
오늘 뵈었던 사람이 내일 다시 가도
또 그 법문을 하셨다.
그렇게 몇 번을 받들고 나니까
종교의 울도 마음에서 사라지고 사상(思想)도

멸공(滅共)이나 승공(勝共)이 아니라
구공(救共), 화공(和共)으로 화(和)해감을 느꼈다.
그때 나는 '저 어른이 몸은 편찮으시지만
저렇게 끊임없이 설하시고 염원해서
이 세상 상극의 기운을 상생의 기운으로
돌리고 계시는구나' 하는 생각을 하였다.
그런지 몇 년이 지나니까
완전한 삼동윤리 법문이 나왔고
각 종교에서 종교 이해의 모임이라고 해서
종교가 서로 넘나드는 것을 보았다.
법문이 처음 나올 때는 세계가
이념적으로 양대의 극을 이루었고
종교적으로도 말할 수 없이 벽이 높았는데
이제는 종교나 사상의 울이 없어져 가고
대체적으로는 하나의 세계, 대동화합의 세계로
향하고 있음을 볼 수 있다.
그러나 아직도 개인과 개인 사이에는

정의가 통해지지 아니하고
여전히 상극의 기운으로 막혀 있다.
이 상극의 인연은 참으로 풀기가 어렵다.
한 번 원한이 맺히면 엎치락뒤치락해서
이생에서 끝이 나지 않는다.
만일 이 상극의 감정이 나에게도 있다면
이생에 남김없이 풀고 한 가족의 정으로
너도나도 천리일석(千里一席)이 되고
심심상련(心心相連) 하도록 해야 한다.
만일 내가 누구에겐가 척을 지을 일이 있으면
그 원한의 기운이 기회만 되면
내게로 몰려와 해(害)를 입고
하고자 하는 일도 실패를 보게 된다.
그러므로 내 주위에 혹 한 맺힌 원혼이 있거나
또는 욕심과 집착으로
천도 받지 못한 영가가 있다면
먼저 이 영가들을 천도해서

그들의 음계에서 평온을 얻고
나의 일에도 호응하고 협조하도록 해야 한다.
그래야 기도의 위력을 바로 입을 수 있고
원하는 바 기도의 공을 이룰 수 있다.
내가 삼동원에 있을 때의 일이다.
건축 사업을 하다가 일이 잘 풀리지 아니하여
죽고 싶은 생각뿐이라는 분을
그 누님이 데리고 왔다.
삼동원에서도 별도리가 없어서
마음의 안정을 얻고 용기를 갖도록 하기 위해서
기도를 드리고 가라 했다.
물에 빠진 사람이 지푸라기라도 잡는 심정이었던지
그러겠다고 하면서
얼마 되지 않는 돈을 기도비로 놓고 정성껏
기도했다.
같이 기도를 한 교무님의 말이 영가들이 있는지
눈앞이 아른거려서 정신이

잘 모이지 않았다는 것이다.
그래서 선조들의 천도재를 드려보라 했더니
돌아가 일주일간 교당에서
정성 들여 천도재를 모셨다고 한다.
이미 사업은 복구하기가 어려웠지만 그 후
마음에 안정을 얻고 가정을 온전히 지키면서
원래 하던 생업을 하며 교당에도 잘 나오고
있다는 것이다.
입시 기도를 하거나 중요한 기도를 할 때
공연히 눈물이 흐르거나
꿈에 혹 선조들이 나타나면
반드시 먼저 천도재를 지내고
기도를 하는 것이 좋다.
이렇게 기도에 앞서 필요한 것을 갖추었다면
어떤 기도를 해야 할 것인가?

어떤 기도를 할 것인가

우리는 종교인이자 성직자이며
수행자이기에 신앙을 위해 기도하고
수행과 봉공을 위해 기도해야 한다.
기도는 우리의 깊은 내면에서
끊임없이 이뤄져야 할 것이다.
오이는 오이 맛을 내야 제맛을 내는 것이고
사과는 또 사과 맛이 나야 한다.
그런데 만일 오이가 사과 맛을 낸다거나
사과가 오이 냄새를 풍긴다면
사과도 오이도 아니다.
과학 분야에 종사하는 이는
과학을 전공해서 훌륭한 과학자가 되어야 하고
수도자는 구도에 전념해서 수도인다운 맛을
풍겨야 한다.

우리는 과학자도 기술자도 아닌
종교인이요, 성직자다.
신앙하고 수행하는 것이 우리 본연의 임무이다.
그러므로 신앙과 수행이 기도로써 이루어져 갈 때
비로소 수도인다운 분위기가
성숙되는 것이다.
신앙과 수행과 봉공을 위한
기도가 끊임없이 자신의 내면에서
이루어지도록 해야 할 것이다.

감사 기도

우리는 사은(四恩) 속에서 태어나
은혜로 성장하고 은혜로 생존하고 있다.
사은의 은혜 없이는
한순간도 살 수 없는 것이 우리들이다.
그러므로 진심으로 그 은혜에 감사하고
그 감사의 마음으로 기도해야 한다.
어쩌다가 한 끼니만 걸러도 배가 고프다.
사은이 주신 세끼 밥을 대할 때
진심으로 감사드리고 이 은혜로운 밥을 먹고
남을 도울 수 있고 나도 성공을 이루도록
기도해야 할 것이다.
우리 조상님들은 들에 나가 음식을 먹을 때
반드시 먼저 한 수저를 던지며
'고수레' 하고 외쳤다.

이는 농사법을 낸 신농씨(神農氏)에게 감사하고
곡출을 내주는 지신(地神)에게 감사드리는
절차를 그렇게 치렀던 것이다.
이렇듯 우리 조상들은 은혜에
감사할 줄 알고 그뿐만 아니라
그 고마움을 표할 줄 아는 슬기가 있었다.
나에게 음식을 주셔서 감사하고,
또 아침에 깨어나면 태양이 나에게
빛을 주시니 감사하고 밤에는 다시
달을 볼 수 있으니 감사하다.
먹고 자고, 숨을 쉬고 이 모든 것에 감사하고
모든 이웃을 향해, 전 세계를 향해,
우주를 향해, 자연을 향해 감사하는 마음이
가슴에 충만해야 한다.
전기가 나가서 촛불을 여기저기 밝히고 있다가
전기가 환히 들어오면 반가워서
'와' 하고 함성을 지른다.

하룻저녁 전깃불만 들어오지 않아도
불편해한다.
하물며 크나큰 사은의 은혜로 살아가는
우리는 이 은혜를 진정으로 느껴야
참다운 기도가 우러날 것이다.
우리는 대종사님께서 이 회상을
마련해 주심으로 해서
성불제중이라는 커다란 목표를 세우고
그 길을 향해 참 공부를 할 수 있게 되었다.
그러니 대종사님께 감사하고
정산 종사님과 대산 종사님과
현재 주법이신 종법사님께 감사하고
선배님과 동지들께 감사하고
세상에 평화를 가져오기 위해 일하셨던
모든 종교의 성자들에게도
감사한 마음으로 기도를 해야 할 것이다.
이 은혜를 참으로 뼛속 깊이 느끼면

기도 생활을 아니 할 수 없다.
그리고 소망하던 일이 마침내
성공할 때는 반드시 감사의 기도를 해야 한다.
우리 조상은 성공하면 선영에게 고하고
감사의 배례를 올렸다.
옛날에는 과거를 치른 사람이
방(榜)에 이름이 나붙으려면
조상 삼대가 돌아보아야 한다고 말했다.
그랬기 때문에 옛날 사람들은 선영의 덕으로
성공한 것에 대해 후손으로서 반드시 감사를 드렸다.
바라던 일이 이루어질 때
내 힘으로 내가 잘해서 된 줄로 자만하지 말고
그 공을 선영에게 돌리고
사은의 은혜로 알고 대종사님의 음덕으로 알아
감사의 기도를 반드시 해야 한다.
그렇게 할 때 그 성공은 오래도록 지속이 되고
더 큰 성공의 밑거름이 되는 것이다.

참회 기도

우리는 참회의 기도를 드려야 한다.
수행은 참회로부터 시작된다.
그러기 때문에 대종사님께서 수행문에다
참회문을 두고 사참과 이참으로 참회하게 했다.
진리 앞에 나아가 자기 잘못을
숨김없이 털어놓을 수 있을 때
진정한 업장 소멸의 길이 열리고
해탈의 문이 열린다.
참회 기도를 통해서 수행인은 마음의 찌꺼기를
하나하나 녹여내는 것이다.
무시광겁으로 몸을 받아 드나들면서
자신이 알게 또는 모르는 사이에
혹은 남이 알게도 짓고 모르게도 지은
죄업들이 우리 앞에 무수히 쌓여 있다.

나는 죄가 하나도 없다고 장담할 사람이
과연 있을 것인가.
우리 앞에 쌓여 있는
이 죄업을 씻을 수 있는 길이
바로 참회의 기도이다.
불보살이 자비의 방편으로 중생을 죄업에서
구제하는 길로써 참회하도록 한 것이다.
참회 기도를 통해서 죄업 중생이
다시 살아날 수 있는 것이다.
그러므로 참회 기도는 부처를 회복하는 길이요
구원이며 부활이다.
우리 수행자들은 참회 기도로써
무명심을 녹이고 업장을 녹인다.
참회 기도는 그래서 양잿물과 같다고 했다.
불행한 일이 생기고 불안한 일이 있을 때
남을 원망하거나 탓하지 말고 먼저 시선을
안으로 돌려 자기를 살피고 자기를 깨우치고

뉘우치는 참회가 앞서야 한다.
자기반성이 없는 구도자는
허물을 고칠 수 없고 습관을 다듬을 수 없다.
다시 말해서 자기 변화를 기대할 수 없고
전진할 수 없다.
그러기에 우리는 두 번 다시 잘못을
되풀이하는 일이 없도록
불이과(不二過)를 다짐하는 기도를 하고
앞으로 더욱 선행을 닦아 가도록 기도해야 한다.
우리 속담에
"비는 장수의 목은 베지 못한다"라는 말이 있다.
진정으로 잘못을 깨닫고
눈물로 사죄하면 진리도 감동하여
업을 녹여 주는 것이다.
그러나 일시적인 생각이나
또 형식적으로 하는 참회의 기도는
아무리 하여도 그 감응을 얻을 수 없다.

옛말에 부처님도 "천 배를 올려야
한 번 돌아보신다(千拜一願)"라고 한 것은
진리는 천번 만번 거듭 공을 들이는
그 정성에 감응한다는 뜻이다.
진심으로 뉘우치고 간곡히 용서를 빌면서
사무치는 기도를 하여야
가히 죄업을 녹일 수 있다.
그러므로 조금도 숨김없는 진솔한
자기 잘못의 고백 없이는 진리의 감응을
얻을 수 없는 것이다.
진정한 참회 기도를 할 때
나의 무명이 걷히고
혜문이 열려서 성불의 기초가
다듬어지는 것이다.

해원 기도

참회 기도는 자신이 지은 모든 죄업을
안으로 깊이 참회해서 그 업을 녹이는 길이지만
해원 기도는 나로 인해서 상처를 입은
상대방의 마음속에 심어진 원한과 독심을 풀어
업을 녹이는 것이다.
나의 심신 작용으로 해서 가슴에 못이 박힌
상대방의 아픈 마음을 위로해 주고
억울한 마음을 풀어주며
피해에 대한 대가를 조금이라도 보상해서
원한과 독심을 녹여주는 것이다.
어떤 목적을 이루기 위해 기도를 하려면
내가 누군가에게 손해를 끼쳤거나
누명을 씌운 일이 있을 때
또는 배신을 하였거나 공연한 시비를 하여

마음에 상처를 준 일이 있었다면
기도에 앞서 먼저 상대방을 찾아가서
실지로 참회하고 불공을 해서
그 마음을 풀어주는 것이 무엇보다 빠른 길이요,
확실하게 푸는 길이다.
그러나 그 사람이 열반했거나
또는 직접 만나서 풀 수 없는 사정일 때는
법계를 통해서 나 혼자라도 해원 기도를 해서
그 원한의 상극기운을 풀어야 한다.
마음이란 미묘해서 사랑하거나 미워하거나
선악 간에 생각하고 또 생각을 거듭하면
우리의 잠재의식 속에 저장되어
이생에 못 풀면 내생으로까지 이월이 되고
또 한편으론 상대방의 마음속에
인(因)을 심게 된다. 그뿐만 아니라
진리계에서는 자동 녹음이 되고
사진 찍듯이 찍혀서 갈무리되기 때문에

인과가 영원히 없어지지 아니하는 것이다.
정산 종사 말씀하시기를
"사람이 눈으로 보지 아니하여도 진리의 눈은
사람의 선악을 허공에 도장 찍나니
이 세상에 제일 무서운 것은 곧 진리니라.
인간 세상에서 지은 죄는 법망을 면할 수도
혹 있으나 진리의 보응은 무념 가운데
자연히 되는지라 속일 수도 피할 수도
없나니라" 하셨다.
그러므로 나와 관계된 일에서
상대방이 설사 잘못했더라도
그 일로 그가 불행한 처지에 놓이게 되면,
마음속에는 나에 대한 원한이 심어진다.
나는 잘못이 없다고 태평스럽게
그 일을 잊어버릴 수가 있으나 상대방은
마음에 상처를 입고 원한을 품었기 때문에
독심이 뭉쳐져서 오랜 시일이 지나 옛일이

되어버렸고 이미 그곳을 멀리 떠나있다가도
그때의 인연을 다시 만나면
당시의 그 마음이 되살아나고
그때의 기운이 솟아나게 되는 것이다.
그 결과, 그 기운이 나에게 재앙으로 오게 된다.
가깝게 지내던 이성간에도
한쪽이 배신을 했거나 또는
오해로 섭섭함을 타서 헤어지게 된 경우,
다른 사람과 결혼하여 행복하게 살더라도
그때 아픈 마음의 기운은
소멸되지 아니하여
언젠가는 상대방에게 재앙으로
가게 되는 것이다.
만일 결혼생활이 불행할 때는 그 원인도
그 사람 때문이라 생각하고 앙심을 품는다.
그러므로 아무 생각없이
남의 마음에 아픔을 심어준 사람은 평소에

해원 기도를 많이 해서 풀어주어야 하지만
이런 생각조차도 하지 못 한 채
그 상극의 재앙을 당하게 되는 경우가 많다.
그리고 한편 자신이 피해를 입었다고
독한 기운을 품고 있었던 그 사람도
그 기운을 풀지 않는 한,
우주에 몰려 다니는 상극의 기운이
같은 기운을 따라 몰리기 때문에
상극의 기운이 상대방에게만 가는 것이 아니라
스스로는 더 큰 재앙을 입게 되는 것이다.
그러므로 쌍방이 다 같이 상극의 기운을
해원 기도를 통해서 녹여야 한다.
정산 종사께서는 "사람들의 마음 가운데
원한을 맺어주고 불평을 갖게 해주면
그것이 곧 자기 자신에게 무형한 감옥이
되느니라" 하시고 "모든 죄업의 근본은
오직 마음에 있나니 소소한 일이라도

남에게 척을 짓지 말라. 그것이 모든 악연의
종자가 되느니라." 하셨다.
그러므로 더욱이 목적이 있고 소원이 있을 때
반드시 먼저 해원 기도를 해야 한다.
그리고 재앙이 닥쳤을 때도,
자신이 모르는 가운데 남의 마음에 심어 놓은
상극기운이 되돌아왔을 수도 있으니
바로 해원 기도를 해서 마음이 안정을 얻고
재앙을 대처해 갈 심력을 얻도록 해야 한다.
그리고 우리 조상 가운데나 내 주위에는
혹 한이 맺힌 원혼이 있을 수도 있으니
소망 기도에 앞서 해원 천도를 하는 것이 좋다.
이것은 마치 항해하는 배가 돌풍에 대비해서
준비하는 것과도 같은 것이다.
그러므로 해원 기도를 할 때는 먼저 진실하고
정성스러운 마음으로
자업(自業)을 참회해야 한다.

그리고 겸허하고 공경하는 마음으로
상대방의 마음을 풀 수 있다면 무엇이라도
바치리라는 지극 간절한 마음으로 해야 한다.
정성도 지극해야 하지만 물질적 헌공도
성의를 다해서 그 사람의 명의로
그 당시의 교단적인 사업에 희사해야 한다.
교단적인 사업은 기운이 집중되는 사업이므로
큰 기운을 받을 수 있기 때문이다.
그리고 세계적으로나 국가적으로도
그 당시 집중적으로 하는 사업에 동참하면
같은 효과를 보게 된다.
이것은 상대방의 아픔을 위로하고
정신적 피해를 보상하는 정성이요,
법신불 전에 위력을 비는 성의이다.
나는 법신불 전에나 성탑에서 기도할 때는
봉투에 크게 기도비라고 쓰고
그 밑에 금액을 쓴 다음 그 옆에

기도인의 이름과 생일 생시를 쓰고
후면에 헌공자의 이름을 써서
불전에 놓거나 놓을 수가 없는 형편이면
내 주머니에 넣고 기도하고는
공공기관에 바로 수입하도록 한다.
교무는 자신이 맡고 있는 기관이나
교당의 운영이 어렵다고
또는 초창기라고 해서 범교단적 사업에
일체 불참하거나 해원 기도 헌공금을
써서는 안 된다.
아무리 공가일지라도 어려울수록 더 유념하여
교단적 사업에 동참해야
공을 입게 되는 것이다.
기도는 본인 혼자 조용히 하고 싶으면
그렇게 해도 좋다.
기도 의식은 특별 기도 식순에 따라야 하고
열반인은 위패를 모시고 천도해야 하지만

생존해 있거나 직접 대화를 할 수 없는
경우에는 모(某) 선생님이라고 해서
법신불 전에 모시고 위에서 말한 것처럼
지극 정성으로 그 당시 상황을 설명하고
잘못을 빌며 용서를 구하는 글을 써서
고백하고 이 일은 분명 전업이었으니
자신의 업과 상대방의 업을
녹여 주기를 기원해야 한다.
그리고 본인은 상대방이 원한을 품은
사실조차 전혀 알지 못하는 가운데
재앙을 당하는 수도 있으니 이런 경우에는
허공법계를 향해서
혹 나에게 원한을 품은 사람이 있다면
용서하고 마음을 풀라고 기원해야 한다.
아울러 그 사람의 몫으로
공공사업에 헌공한다면 좋을 것이다.
그리고 업을 녹이고 기운을 정화하는 데는

주송(呪誦) 독경을 많이 해야 하는데
청정주와 일원상 서원문을
많이 읽는 것이 좋다.
기도 기간은 3일이나 1주일
혹은 3주를 정해서 해원 기도를 할 때
참회 기도를 아울러 할 수도 있고
참회 기도를 할 때
해원 기도를 함께해도 좋다.

소망 기도

소망이 있는 사람은
그것을 이루기 위해 먼저 기도해야 한다.
어떤 사람이 말하기를
많은 기도를 했지만
부인이 난산으로 사경을 헤맬 때
가장 절실한 기도가 되더라고
고백한 적이 있다.
그리고 천재지변을 당했을 때는
그 현장에 적응해서 슬기롭게 대처해 가야 하나
위급하고 절박한 경우를 당해서는
지극 간절한 마음으로
법신불 전에 기원해야 한다.
나의 과거 잘못으로 인해 이 상황이 왔다면
법신불께서는 부디 용서하시고

이 일로 인해서 내가 거듭나서
세상에 공헌할 수 있도록 해주시라고
매달려야 한다.
이렇게 해야 진리의 가호가 있게 되고
위기를 무사히 극복하고 헤쳐 나갈 수 있는
지혜도 솟아난다.
누구나 위급한 처지에 놓이면
그 소망이 절박하여
기도가 간절해지는 것이다.
청년 교도가 6·25전쟁 후 사상관계로
사형에 처하게 되었는데
5분 말미를 얻어놓고
두 손을 모아 합장하고 기도를 올린 뒤
일원상 서원문을 독송하고는
편안한 얼굴로 죽을 채비를 하면서
자기 시체를 가족이 거두어 가게 해달라고
조용히 부탁하더라는 것이다.

당시 목격자였던 교도소장인 교도님의 말씀이
신앙의 힘은 참으로 위대하더라고 했다.
우리는 언제나 어려움이 올 때는
순경으로 돌리기 위해 기도하고
또 안분하고 달게 받도록 기도하며
낙망하거나 좌절하지 않고
신심과 정진심이 살아나도록
기도해야 한다.
또 결정짓기 어려운 일이 있을 때도
기도해야 한다.
우리가 어른을 모시고 살 때 결정할 일이
생길 때는 상의를 드리고 결정하듯이
스스로 결정해야 할 때는
진리의 힘을 빌려 진리의 뜻으로 해야 한다.
우리는 진리를 믿고 진리를 모시고 있으니
내 욕심이나 사심은 비워 버리고 허공같이
빈 마음으로 진리의 명에 따를 각오를 하고서

정성스럽게 기도드린 후
맨 처음 나오는 생각으로 결정하면
그것이 바로 진리의 뜻이 될 수도 있다.
큰 불사를 시작한다든가, 개업한다든가
할 때는 먼저 법신불 사은님께 봉고하고
자신은 그 일에 정성을 다할 것을 다짐하며
그 일이 원만하게 되도록
일을 마칠 때까지 간절히 기도를
계속하는 것이 좋다.
계룡산 신도안에 있던 삼동원이
국가 시책으로 원기69년(1984) 3월에
지금의 벌곡(伐谷)으로 이주하게 되었다.
대산 종법사님께서도 낙성봉불할 때
함께 진행해야 할 일을 하명하셨고
또 우리의 형편으로도 건축을
빨리 해야 했기 때문에
다음 해 봄부터 건축을 시작하려고 생각하고

신도안에서 뜯어 가지고 온 슬레이트로
임시 벽을 두르고 지붕을 이어서
가건물을 짓고 우선 웅거하기로 했다.
이런 상황이지만 임직원들의 모임 장소로
작은 법당을 마련하여 법신불을 모시고
임직원들이 함께 봉고 기도를 하였다.
그리고 그해 겨울 대산 종법사님을 모시게 되어
작은 법당만 가지고는 법회를 열 수가 없어
뜯어서 온 동산원 자재들을 맞추어
다시 동산원을 지었다.
새벽 좌선을 마치고 동산원 세울 터에 나가서
교무님들과 탁자 하나 놓고
향초 밝히고 기공봉고식을 올렸다.
우리는 이 땅을 개척할 전초전으로 알고
아무도 보아주지 않은 조촐한 의식이지만
정성스럽게 봉고 기원을 올렸다.
그러고는 삼사 년이 흘러갔다.

신도안의 그 큰 가옥과 전답을 다 넘기고
이곳에 왔으니 마음 같아서는 큰 계획을 세워
빨리 개발하고 싶었지만, 실정이 허락하지 않아
세월만 흘러갔다.
집을 허물어 자재들을 하나라도
더 건져오려고 먼지를 뒤집어쓰면서
철거 작업을 했고, 나무와 살림을
실어 나르느라 트럭이 수십 번을 왕래했다.
다 무너져 폐허가 된 신도안을 뒤로 하고
떠나온 임직원들은
허전한 마음으로 일을 해야만 했고
또 어떻게라도 벌곡에
건축해야 한다는 책임이 있기 때문에
조급한 마음이 없을 수 없었다.
부족한 책임자라서 늦어진다는 죄스러운
마음으로 이사 온 지 사 년 만에
초가 삼간을 지어서 소규모로라도

우리가 맡은 훈련 임무를 수행해야겠다는 뜻을
굳히고 먼저 기초공사로 도로 확장공사와
국도를 연결하는 교량 공사를 하기로 했다.
그래서 우리 임직원들은 다리가 놓일
개천 자갈밭에서 법신불 일원상을 모시고
공사책임자와 함께 봉고 기원을 올리고 삽을 꽂았다.
며칠 뒤 용지정리를 하기 위해
잡초가 우거진 현 건물의 정원 자리에서
또다시 일원상을 모시고
용지정리 봉고 기원을 올렸다.
그 후 차질 없이 일이 추진되어 도로 확장과
용지정리, 교량 공사를 별다른 사고 없이
무사히 마쳤다.
그해 가을 수위단원님들을 모시고
건축 기공 봉고 기원을 올리고 다음 해 봄에
착공하였다. 공정이 80%가량 진행되어
완공이 눈앞에 보였을 때

'무엇을 위해 집을 지으려고
이토록 염원하였는가.' 하는 생각을 하게 되었다.
그래서 인종과 종교와 사상의 울을 넘어서
누구라도 자연훈련·자연함양·자연요양 도량으로
활용하게 될 이 땅에서
훈련하는 사람은 훈련의 공을 이루고
정진하는 사람은 정진의 공을 이루고
기도하는 사람은 기도의 공을 이루고
휴양하는 사람은 새로운 활력을 얻고
학문하는 사람은 학문의 공을
이루도록 기원했다.
이곳을 들렀다 가고 거쳐 가는 모든 사람이
이 산의 정기를 타고 법신불의 가호와
제불제성의 호념으로 공을 이루도록 기원하고,
이 도량이 누구에게나
성공의 도량이 되도록 기원하였다.
원기75년 5월 9일

개원 봉고에 앞서 종 불사 타종 봉고를 하고
만일(萬日) 기도 회향과 봉불 낙성 봉고를 하였다.
그리고 모든 일을 대과 없이 마친
다음 날 밤에는 법신불 전에
감사의 기도를 올렸다.
교량 준공식은 그해 겨울 삼동원에 와서
훈련 중이던 예비 교역자들과 마쳤다.
신도안을 떠나올 때
철거 봉고 기도를 올리고 나온 후
별곡 삼동원 건축을 진행하면서
아홉 번 봉고 기원을 올렸고 평상시에도
기도는 끊이지 아니하였다.
큰 일을 시작할 때 법신불 일원상과
대종사님께 봉고하고 위력을 얻도록
기도하는 것은 당연히 할 일이며
일하는 순서요, 절차인 것이다.
교역자가 기관이나 교당에 새로

부임했을 때도 책임자로 부임한 봉고와
그 지역교화에 정성을 다할 것을
다짐하는 기도를 일주일간 하는 것이 좋다.
그런 다음 그 고장의 유주무주고혼 천도 축원을 하고
교화에 심혈을 기울여야 할 것이다.
전무출신은 자리를 가리지 말고
공의에 따라가야 하고
갔으면 사심 없이 할 일만 하고 나오면 된다.
만일 무연지에 가게 되면
정성으로 기도 올려 법의 인연만 심어놓고 와도
임무를 다한 것이 된다.
이 인연의 종자가 때가 되면 싹이 트고
꽃이 피어 열매를 맺게 되는 것이다.
교화가 안 된다고 조급해하거나
초조해할 것이 아니라
기한도 정할 것 없이 기도만 드리고 와도
할 일을 한 것이 된다.

정진 기도

우리에게는 성불의 서원이 있고
제중의 서원이 있기 때문에
정진 기도를 반드시 해야 한다.
대산 종사님께서 성리공부 표준해서
늘 마음의 고향을 사모하는 기도가 있어야
한다고 하셨다. 다시 말해서 정진 기도는
본원 자리를 찾아가는 성리공부이다.
우리는 진리를 보고
자성 자리를 보는 눈이 떠져야 하는데
그것이 무엇보다도 수행자의 큰일이다.
일도 잘해야 하지만
안으로 참 자기를 기르는 것이 진실로 중요하다.
기도는 마음을 닦는 길이므로
기도 일념으로 청정 일념이 될 때

지혜가 밝아져서 우리의 자성 자리가
드러나게 된다.
그러기에 맹자께서는
"진기심자 지기성야 지기성즉 지천의
(盡其心者 知其性也 知其性卽 知天矣)"라
곧 마음을 닦아야 성품을 볼 수 있고 성품을
보아야 진리를 깨달을 수 있다고 하였다.
공부하는 이에게는 혹 유혹이 올 수 있는데
대개 순경 속에서 많이 온다.
무슨 일이 이루어지고 마음이 편안할 때
나도 모르게 와지는 것이다.
그러니 순경에 있을 때는
특히 유혹에 흘러가지 않도록
늘 단단히 챙기고 마음을 살펴서
안일에 빠지지 말고 쉼 없이 기도해야 한다.
또 번뇌가 일어나고 욕심이 생기고
갈등이 올 때 그리고 영혼이 메마를 때

기도해야 한다.
역경이 올 때나 고난과 시련이 올 때도
극복할 수 있는 기도를 해야 하는 것이다.
고난과 시련은 진리가 우리를 간섭할 때
오는 것이다.
예수님의 제자 바울은 히브리인들에게
"하느님께서는 그가 사랑하는 이들에게
더욱 아픈 매를 때린다"라고 했다.
신심이 한 단계 깊어지고 수행이
한 단계 오를 때는 반드시 시련이 온다.
이것은 진리의 버림이 아니라 간섭이요,
진리의 성원이다. 왜냐하면 시련을 극복할 때
한 단계 오를 힘이 쌓이기 때문이다.
진정한 수도인은 명예도 권리도 다 없어지고
건강도 일터도 모두 잃게 되었을 때
허탈해하고 초조해하기보다는 오히려
참으로 정진하고 공부할 좋은 기회가 왔다고

기도하기 시작한다.
역경은 나를 불보살로 키워주기 때문에
참 수도인은 불행을 불행으로 만들지 않고
득력하는 기회로 삼으며
성공하는 좋은 디딤돌로 삼는다.
선인(先人)도 역경을 당하면
잠거포도(潛居抱道)하라 했는데
대산 종사님께서는 포도잠거하라고 하셨다.
즉 도를 품고 숨어 있으라 했다.
불행한 때를 도 없이 보낼 것이 아니라
법 있게 도로써 넘겨야
참으로 좋은 길이 열린다는 뜻이다.
옛말에 궁즉통(窮則通)이라,
궁하면 통한다고 했다.
IMF와 같은 어려운 상황에 처할 때
암담하고 답답할지라도
포기하고 쉽게 낙망하거나

고난에 저버리지 말고
안분하고 인내하는 것이 필요하다.
이럴 때일수록 자기중심을 잃지 않고
열 번 넘어지더라도 다시 일어나는 용기와
기어코 이 난경을 딛고 일어서야겠다는 각오로
기도하고 또 기도하면 슬기로운 지혜가
솟아서 살아날 활로를 찾을 수도 있고
법신불의 가호로 우연자연한 가운데
길이 열리기도 하는 것이다.
그러기에 시련이 없기를 원하는 것도 좋으나
시련을 극복할 힘을 얻는
기도가 필요하다.
성직자들이 서원을 올릴 때도
서원 기도를 통하여 법신불의 위력을 빌고
또한 스스로 깊은 다짐을 해야 한다.
내가 전무출신 원서를 제출할 때는
예전(禮典)이 없었던 때라 일정한 의식이 없었다.

나는 주산 종사께서 아버님께 승낙서를
받아 오라고 해서 받아는 왔지만
지금 그 내용은 생각이 나지 않는다.
서원서를 붓으로 써서 올리니까
저녁 시간에 영산 대각전으로 나오라고 하셨다.
대각전에 나가서
서원서를 법신불 전에 올리고 심고하고
사배를 올리라고 하셔서 그렇게 하고
나의 서원식을 마친 것이다.
성대한 의식도 없이
스승님 한 분 모시고 출가했지만
그 순간 내 마음에 서원이 굳어졌던 것 같다.
지금은 출가식이 학년별로 하는
연중행사가 되었다.
주최 측에서도 정성을 다해야 하지만
서원자 자신도
각별한 정성으로 서원해야 한다.

서원식은 하나의 의식이 아니라
허공법계에 온통 바치겠다고 서약 올리는
일생일대의 중차대한 의식이다.
한갓 의식으로 넘길 것이 아니라 일주일이란
기간을 정하여 정성으로 기도하든지
또는 조석심고를 계속하든지 해서
스스로 서원을 다지고 진리의 위력을 빌어서
기필코 공을 이루어야 한다.
그리고 때때로 서원이 해이해지거나 마장이 올 때도
참회 기도와 업장소멸 기도를 하면서
시시로 자신의 서원을 돌이켜 보아야 한다.
그래서 언제나 서원이 깨어 있고
하늘에 사무치도록 초지일관해서 불보살과
파수공행하도록 해야 할 것이다.
서원이 해이해질 때 부귀영화와 향락에
욕심이 나고 조직 생활이 불편해지고
불평불만이 많아진다.

이럴 때 서원 반조하고 정진 기도해야 한다.

공부에 나태심이 날 때도 인내하고 자제하고

다듬고 키워가는 정진 기도를 하는 것이

진정한 수행자의 행이요, 모습이다.

그러므로 수행자는 쉬지 않는

정진 기도를 해야 한다.

봉공 기도

욕심이나 이기심으로 나만을 위해 올리는
기도가 아니라 남을 위하고 공(公)을 위하는
이타심에서 하는 봉공 기도를 해야 한다.
부모는 자녀를 위해 기쁘게 희생한다.
부모가 자녀에게 재물을 주고
육신을 보살펴 주는 것도 중요하지만
안으로 심공(心功)을 들여 주는 일이 더 큰 일이다.
자녀가 건강하게 살고
올바르게 살고 복되게 살도록 인도해주고
기원해 주는 것이 참으로 위하는 길이다.
유산을 많이 주는 것도 좋으나 그 자녀의
진정한 미래를 위해서 기도해 주는 것이
더 가치가 있고 자녀 이름으로 사회사업이나
도덕사업에 덕을 쌓아 주는 것이

자녀를 더욱 뜻깊게 사랑하는 길이 된다.
그와 마찬가지로 우리에게는
제중의 서원이 있다.
이것은 불보살의 심법으로써
평범한 세인으로서는 하기 어려운 일이다.
그와 같이 어렵고 힘이 드는 제중을
하고자 할 때 기도하지 않을 수 없다.
기도는 사회를 구제하는데 저력이 되므로
인류 평화와 행복을 위해
봉공의 기도를 해야 한다.
종교가 돈으로 사회 빈민을 구제한다고 해서
그것이 도덕가 본연의 임무인
정신 구제를 다 한 것은 아니다.
우리는 사회에 혼란이 오고 불안이 생길 때
구국구민(求國求民), 보국안민(保國安民)을 위한
기도를 먼저 해야 한다.
광주 항쟁 때 송정리교당에서

초파일 행사에 참석하고 머물러 있었다.
이럴 때 우리 종교인의 할 일이
과연 무엇인가를 생각하지 않을 수 없었다.
맨손으로 거리로 뛰쳐나갈 수도 없었고
학생들에게 인명피해가 많으니
집에 들어가 있으라고
마이크를 잡고 외칠 수도 없었고
참으로 속수무책이었다.
그래서 법신불 앞에 나아가
기도해야겠다고 생각하였다.
나라가 편안하고 국민들이 법의 보호를
받을 수 있도록 간절히 기도하였다.
이때 우리 자신도 기도하고
교도들도 기도하도록 해야 한다.
가장 혼란스럽고 어려운 때일수록
안정과 위안을 얻을 수 있는 길이
바로 기도이기 때문이다.

진리에 대한 믿음을 갖고
수행하는 종교인의 윤리는 보은이며 감사이다.
그러므로 종교인의 삶은
대립과 투쟁, 폭력이 아니라
마음을 따뜻하게 하는 감화여야 한다.
우리가 사회에 참여하는 것은 사회를
향도하고 보호하고, 지도하는 일이요,
돈이나 정치나 권력으로
참여하는 것은 아니다.
대종사님께서 제시하신 대로
사은에 보은을 실천하는 것이요,
정성스러운 기도를 드려
기도의 위력으로 국민의 정신을 안정시키고
나라를 평안하게 하는 것이다.
이것이 종교인의 사회참여요,
종교인이 마땅히 할 일이다.
나아가 일체 생령을 위해 기도해야 한다.

한 중생도 버리지 않는 여래의 표준으로
일체 생령을 구제하게 해 주시라고
진리를 향해 간절히 호소하고, 매달리는
기도를 함으로써 여래의 흉내라도 내야 한다.
그리하여 우리의 마음속에 천하 창생을 위한
기도가 끊임없이 계속되어야 하고
이 지상의 어느 곳에 있거나
어느 종교를 믿거나 간에
지금, 이 순간에 남다른 어려움에 처하여
괴로워하는 이들을 위해
기도해야 할 것이다.
오래전의 일이다.
종로교당 재직 시에 4·19 혁명을 당하게 되었다.
아직 어리고 젊은 학생들의 꽃다운 목숨이
낙화처럼 떨어지는 것이 참으로 참담하였다.
이승만 대통령이 하야를 선언하고
이화장으로 물러나는 모습을

중앙청 앞에서 목격하면서
권력의 허무함과 인생의 덧없음을 실감하였다.
이기붕 씨 일가가 세상에서 고립된 것을 알고서
청와대 한 구석방에서
스스로 목숨을 끊은 사실이 보도되고
신문에는 일가족 4명의 사진이 실렸다.
나와는 단 한 번의 만남도 없었지만,
그들이 명분을 내세워 변명하거나
구차히 도피하여 목숨을 연명하려고도 않고
자신들의 잘못을 그대로 인정하듯이
생을 마감한 것은 참으로 참혹하였다.
물론 신앙이 깊은 분들이라 죽음에 대비한
준비를 하였겠지만 막상 그 상황에서
얼마나 당황하고 비통했을까 하는 것에
생각이 미치자 나는 사진을 들고 법당으로 가서
간소하기는 했지만
마음을 다해 영가를 위로하고

영로를 축원해 주었다.

이것을 안 우리 교도님이 이기붕 씨 일가를
잘 아는 그분의 시누이에게 이야기하니,
그 시누이 말이 잘 알고 지내던 사람들도
외면하는 이때 종교가 다름에도 불구하고
그처럼 할 수 있다니, 하더라는 것이다.
그 후 입교도 하였다고 들었다.

물론 물질로 어려움을 해결해 주는 길도
있지만 그 어려움을 스스로 극복하고
헤쳐 나갈 수 있도록 안내해주고 길이 열리도록
기도해 주는 것이 종교인의 할 일이요,
종교가 할 근본적인 일이다.

원평에 있을 때 한 교역자의 부친이
위중해서 문병을 가게 되었다.
나는 문병가기 전에 언제나 법신불의
위력으로 그분을 도와주시라고 기도한다.
다행히 병이 나으면 좋지만 죽어가는 길은

천지의 공도라 꼭 살려 달라고만 할 수는 없으므로
이분의 어떠한 업력이라도 녹여주시며
마음이 평온하고 안심할 수 있게 해주시고
생멸 없는 진리를 알아서
해탈하게 해 달라고 염원한다.
그런 다음 문병을 가서
가족과 함께 기도했다.
그때 같이 문병하러 갔었던 분이 그 후
교통사고로 병원에 누워서 기별을 해왔다.
그때의 기도가 퍽 좋았다고 하면서
자신을 위해서도 기도를 해 달라고
부탁하기에 그렇게 했었다.
문병을 갈 때
나 혼자, 나 개인이 가는 것이 아니라
진리와 스승님을 마음에 모시고 가서
그 병을 고칠 수 있도록 염원하고
환자에게는 위안을 주고 해탈할 수 있는

기도를 해야 한다.

또한 설교자로서 설교에 앞서 먼저

기도를 해야 한다. 석가모니불이 주세성자로서

제도사업을 하기 위해 오백 생을 적공했다.

우리도 한 시간의 설교를 위해서 적어도

몇 시간은 공들여야 한다.

정치나 사상이나 철학을 이야기하는 것이 아니라

대각하신 부처님의 법문으로

신앙과 수행을 설해서

사람들의 마음속에서 신심과 공심이 일어나고

공부심이 살아나도록 해야 한다.

우리에게는 사람들의 마음이 진리를 향하고,

깨달음을 향해 활짝 열리도록 하며

그 법문으로 구제를 받도록 해야 할

중대한 사명이 있다.

그러기로 하면 내가 먼저

진리를 향한 신심에 뿌리하고

깨달음으로 나아가는 수행에 바탕한 말을 하고
또 말과 같이 되도록
다짐하는 기도를 하고 설교에 들어가야 한다.
그리고 영가를 천도할 때는 특히
수행자로서 법력이 선행되어야 하지만
미흡한 우리로서는 정성이 바로 법력이 된다.
정성스러운 기도가 우리의 법력이므로
이 기도의 힘으로 영가를 천도시켜야 한다.
살아있는 사람을 제도하기도 어려운데
하물며 명(命)을 달리한 영가를 천도한다는 것이
쉬울 리가 없다.
그러나 우리는 대종사님의 법을 받들고
종법사님의 대행자가 되어
영가를 천도할 사명을 가지고 있으므로
교단을 대신해서 정성을 다한
기도 일념으로 천도를 하는 것이다.
또 우리 교단의 모든 성직자뿐만 아니라

모든 종교의 성직자도 같이 도를 이루도록 기도하고
모든 종교인이 한 사람도 낙오됨이 없이
모두 구제 받도록 기도하며
이 세상에 대종사님의 참뜻이 남김없이 실현되도록
교단의 발전을 위해서 기도해야 한다.
그리고 세계평화를 위해 기도해야 한다.
세계는 한 울타리 안이고
인류는 한 권속이므로
온 인류를 위해 기도 일념이 뭉칠 때
진정한 세계평화가 올 것이다.
그러므로 우리는 감사 기도와 참회 기도와
해원 기도와 소망 기도 그리고 정진 기도,
봉공 기도를 쉼 없이 해나가야 한다.

어떻게 기도하는가

기도에 있어서 가장 중요한 것은
기도한다는 사실이다.
그러나 어떻게 하는 것이 효과적이냐 하는 것도
이에 못지않게 중요하다.
웃어른을 손님으로 모시려면
집 안을 깨끗이 청소하고 정성껏 음식을 장만해서
기쁜 마음으로 대접해야
방문하신 어른이 흡족하게 여긴다.
그렇듯이 기도할 때도
어떤 방법으로 하여야 하늘이 감동하고
제불 제성께서 흡족하게 여기시고
감응할 것인가.
밖으로 법대로 형식을 갖추고
안으로 청정하고 정성 어린 마음가짐을

갖추는 것이 최선의 방법이다.

때와 장소에 따라

정례기도·특별기도·상시기도가 있고

방법으로는

설명기도와 묵상기도와 실지기도가 있다.

형식을 갖춘다

형식을 갖추어서 하는
정례기도·특별기도는 『교전』에 밝혀져 있고
『예전』에 예법으로 제시되어 있다.
『교전』에 바탕하여
『예전』 의식을 갖추어 하는 것이
진리와 제불제성의 감응을 얻는 좋은 법이며,
의식을 갖추어서 할 경우에는
장소와 시간을 정하고 일정한 시간에
일정한 장소에서 식순을 밟아서 한다.
정례적으로 하기도 하고 특별기도로 49일이나
백일이나 천일 또는 만일 기도도 할 수 있으며
개인으로 할 수도 있고
대중이 합력해서 할 수도 있다.
상시기도는 의식이나 장소나 시간을 떠나서

어느 곳에서나 무시로 상시로
생활 속에서 하는 기도이다.
항상 법신불을 모신 마음으로 기도일념이
일념만년(一念萬年)이 되도록 하는 기도이다.
기도하는 방법에 따라
설명기도와 묵상기도와 실지기도가 있다.
설명기도는 기원문을 읽기도 하고
즉석에서 설명으로 법신불 전에 고하여
대중의 마음을 합하고 자신의 기원을
다짐한다.
묵상기도는 법신불 사은과 제불제성을
앞에 모시고 하는 자세로 묵묵한 가운데
지극한 마음으로 응감하도록 간절히 고한다.
실지기도는 상대처가 있을 때 현실로
공들이는 것인데
상대에게 기도하는 경건한 마음으로
정성스럽게 실지불공하는 것이다.

마음으로 고할 때는 반드시
"법신불 사은이시여, 아무개는 고합니다." 하고
소원을 빌어야 한다.
가정에서도 무슨 일이 있으면 어른이
그 일을 주관하게 된다.
그때 어른을 만나서 이야기해야 그 문제가
바로 해결되고 일이 원만히 처리되는 것과 마찬가지로
이 우주에는 진리,
곧 법신불이 주권자다.
이 진리를 하나님이라고도 하고
옥황상제라고도 한다.
우리 교단에서는 법신불이라 한다.
교단 초창기에는
"천지하감지위·부모하감지위·동포응감지위·
법률응감지위 피은자 아무개는 고하옵나이다."라고
하였었다.
지금도 그렇게 하기도 하지만

대개는 “법신불 사은이시여”라고 한다.
법신불은 사은이요,
사은은 죄복을 주재하는 권능자이므로
기도할 때는 어른을 모시는 마음으로
“법신불 사은이시여” 하고
“아무개는 기원 올립니다.” 해야 한다.
그래야 진리가 알고 감응하는 것이고
그것이 기도인의 도리이다.

안으로 유의할 점

기도를 성공시키고
정성스럽게 이끌려면
형식이나 의식도 물론 중요하지만
기도의 내용과 함께 안으로 갖춰야 할
마음가짐이 더욱 중요하다.

청정 일념으로

기도는 정결한 장소와 몸의 재계가
물론 있어야 하나
마음을 재계하는 것이 더 중요하다.
그래서 옛날에는 추운 겨울날
얼음을 깨고 목욕을 했으나 대종사님께서는
몸을 재계하는 것도 필요하나
마음을 더 재계하라고 하셨다.
여자 교도 한 사람이 대종사님께 여쭈었다.
"저도 전무출신들과 같이 깨끗이 재계하옵고
기도를 올리고 싶사오나 가정에 매여
자유가 없는 몸이므로 그 뜻을 이루지 못하오니
어찌하면 좋겠나이까?"
대종사 말씀하시기를 "마음 재계하는 것은
출가재가가 다를 것이 없나니 그대의 마음만

깨끗이 재계하고 정성껏 기도를 올리라.
그리하면 그 정성에 따라 그만한 위력을 얻는
것이 아무 차별이 없으리라." 하셨다.
그러면 어떻게 마음을 재계할 것인가?
계문 지키는 것이 마음 재계에 가장 우선이다.
기도하는 동안 계문을 범하면
마음이 산란해지고 혼탁해져서
기도가 온전히 되지 않을 뿐 아니라
위력도 입을 수 없다.
마치 더러운 그릇에 담은 밥을 먹을 수 없듯이
깨끗하지 못한 마음으로 기도하면
결국 기도 올리는 그 염원도 깨끗할 수 없다.
무해심(無害心), 무욕심(無慾心), 무착심(無着心)으로
더없이 마음이 청정해야 한다.
특히 범계 가운데서 살생은 절대 금물이다.
남의 생명을 죽이면서 자기의 소원을
이루려 한다면 진리에 어긋나는 것이다.

살기(殺氣)가 있고 남을 해롭게 하는
마음이 있는 사람에게
어찌 진리가 감응하겠는가.
그러므로 기도 기간은 각별히 유념하여
모든 생명을 살리고 보호하는
호생(護生)의 마음을 가져야 한다.
또한 갇힌 생명은 풀어 놓아주고
죽어가는 생명은 회생하도록 도와주며
보호해주는 공을 들이면서 기도해야
가히 진리의 감동을 얻을 수 있다.
교화직에 있을 때 일이다.
아들의 입학을 앞두고 백일기도를 부탁하는
사람이 있었다.
그런데 도무지 감동되지 아니하고
기도하고 싶은 생각이 나지 않았다.
그래서 부모가 가장 정성스러운 것이 아니냐 하고
자신이 기도하도록 권유했지만

끝내 나에게 기도해 달라는 말을
남기고 가버렸다.
그런데도 내 마음은
여전히 움직이지 아니하는 것이었다.
그 무렵 건강도 여의찮아
기도를 계속하기가 어려울 것 같아서
부교무더러 맡아서 해 보라 하고
착실하게 계속 기도하는 것을
지켜보고만 있었다.
그런데 결과는 소망한 학교에
그 학생이 입학하지 못하였다.
그 뒤에 그 사람이 찾아와서 하는 말이
기도 중 유산을 시켰으니 잘못했다는 것이다.
기도에 정성을 다하는 것도 좋으나
남의 생명을 아끼고 도와주면서 하는 것이
더 효과가 있다.
그리고 기도 중에는 모진 마음과 독한 마음을

품지 않도록 그 마음을 삼가야 한다.
만일 지독한 원한이나 증오심을
풀지 않은 채 기도를 하면
기운은 같은 기운끼리 응하는 이치가 있으므로
우주의 상극 기운이 응할 수 있기 때문에
자신이 도리어 큰 해를 입는 수가 있다.
그러기에 대산 종사님께서는
"원한으로 맺힌 것은 풀고 해원 작업을 하며 기도하고
또 보은하면서 기도하라"고 하시었다.
그리고 기도 기간에는 특히 남의 재물을
탐하거나 욕심을 부리지 말고 훔치거나
부당한 이익을 취하지도 말고
남의 마음을 아프게 하면서
억지로 빼앗거나 속여서도 안 된다.
또 정당하지 않은 남녀관계를 맺거나
정당한 부부간이라도
법도 없이 사는 것은 삼가며

금욕과 절욕하면서 기도해야 한다.
정성을 다해 기도를 계속했는데도
아무런 감응이 없을 때는
반드시 자신의 상태를 돌아보아야 한다.
청정 일념이 되었는가 또는 계문을 잘 지켜
신·구·의(身口意) 삼업을
청정히 하였는가를 살펴보아,
만일 계문을 범하였거나
남을 미워하는 마음이 조금이라도 있었다면
기도의 효과를 기대할 수는 없다.
그러므로 죄를 지으면서는
기도의 위력을 입을 수가 없다.
기도인은 청정 일념을 지속해서
자성 청정으로 기도가 될 때
마침내 큰 위력을 입을 수 있음을
명념해야 한다.

정성 일념으로

정성이 들어있지 않은 기도는 기도가 아니고
다만 스쳐 가는 한 생각이요,
형식적인 몸짓에 지나지 않는다.
만일 기도로써 공을 이루기로 한다면
지극한 마음 곧 사무치는 마음이 되어야 하고
일편단심으로 해야 하늘을 움직일 수 있다.
지극히 간절한 호소라야 능히
사람의 마음도 감동시킬 수 있는 것이다.
내 마음이 지극해서 '나'가 없고
낱이 없을 때 진리와 내가
혼연한 한 덩어리가 되어
천지 기운을 능히 끌어올 수 있게 되는 것이다.
그러므로 기도의 공을 이룰 때까지
정성을 끊임없이 들여야 한다.

십벌지목(十伐之木)이라고
큰 나무도 열 번을 찍으면 넘어진다고 하였다.
진리께서도 부처님께서도
계속해서 졸라대면 불고하실 수가 없다.
어머니가 보채는 자식에게 젖을 안 줄 수 없듯이
계속해서 기도하면 진리도 마침내
감응하시는 것이다.
중국 삼국시대에 유비가 제갈량을 얻기 위해
삼고초려를 했다는 이야기는 유명하다.
공명(公明)이 천기를 보니
조조는 북으로 천시(天時)를 얻고
손권은 남으로 지리(地理)를 얻었으며
유비는 서(西)로 인화를 얻어
삼분천하(三分天下)가 될 것을 이미 알았다.
그러나 자기의 기국에는 맞지 않는 삼분의
하나를 치국하기 위하여 유비를 따랐다.
천하대세가 이미 기울어진 것을 알고 있으면서도

유비가 처음 왔을 때
냉담하게 대했음에도 불구하고
"두 번, 세 번 천자(天子)의 위신을
생각하지 않고 거듭 찾으니 어쩔 수 없구나."
하고 유비에게 와서
자기 명이 다할 때까지 정성을 다하였고
그 아들 후주(后主)까지 보필했다.
불보살께서는 대세의 판을 이미 짜놓으셨더라도
중생들의 원이 지극하면
판국을 조금 돌려놓기도 한다.
이처럼 지성으로 기원하면 천지도 응하고
불보살도 응하는 것이다.
그러니 무엇보다도 섞임이 없고 사사가 떨어진
순일 무사한 마음으로 정성을 들여야 한다.
일원상 서원문에도
일원의 위력을 얻도록까지 서원하라 하였다.
위력을 얻으려면 그 마음이 순일 무사하여

사사가 떨어져야만 한다.

지극히 순수하여 조금도 삿됨이 없을 때

비로소 진리께서 감동한다.

그러므로 진실하고 삿됨이 없이 하려면

먼저 기도하는 내용과 행동이 일치해야 한다.

기원하기는 판검사가 되게 해 주십사 하고는

육법전서를 멀리하고

판검사 될 준비를 하지 않는다든가,

말은 동으로 가도록 도와달라 해놓고

자신은 서쪽으로 간다면

이것 또한 거짓 기도이다.

진리를 속이고 자신을 속이는 것이다.

이렇게 배신행위를 할 때

진리의 감동이 있을 수 없음은 물론

오히려 벌이 올 수도 있다.

그러므로 기도하는 기간에

특히 거짓말을 삼가야 한다.

거짓말은 남을 속이고 내 마음도 속이는 것이다.
그러한데 어찌 진리가 다가설 수 있겠는가.
암실기심(暗室欺心)이라도
신목여전(神目如電)이라,
어두운 방에서 마음을 속일지라도
귀신의 눈은 번개와 같다고 했는데
거짓이 어찌 진리와 통해질 수가 있으며
거짓으로 감응이 오기를 감히 바라겠는가.
거짓으로 진리를 움직일 수 없고
거짓 앞에는 진리가 다가서지 않는다.
또 허언(虛言), 빈 말을 조심해야 한다.
공연히 허풍치면서 주지도 않을 것을
입으로 인심 써서 준다고 하면
그 말을 들은 사람은 마음속에 기억되어 있어
죽을 때까지 그 기억이 남아 있고
진리계에 입력이 되고 녹음이 되었기 때문에
그만큼의 재물이 나가게 되는 것이다.

실제로는 그 이상이 나갈 수도 있다.
그러므로 희사도 형편 때문에 바로 하지 못할
때에는 여유를 두고 기간을 정해서
그 시일 내에 반드시 하되
가능하면 앞당기는 것이 좋다.
만일 그리하지 못하면 그 대신
내 소중한 것을 잃어버릴 수가 있다.
어느 교무의 친척이야기를 우연히 전해 들었다.
부유하던 집안이 갑자기 몰락하는 바람에
친척 여학생은 대학 진학을 포기하고
여고 졸업 후 직장에 다니게 되었다.
친구들이 방학을 맞아 귀향하면 포기한 진학의
꿈이 새삼 아픔이 되어 우울하였다고 한다.
그 후 결혼하고 조그만 가게를 운영하면서
차츰 형편이 좋아지자 그 친척이 어느 날
교무님을 만나서 조금만 더 준비되면
반드시 장학사업을 하겠다는

포부를 털어놓는 것이었다.
그 교무님은 친척의 가슴에
깊이 묻혀 있는 아픔이 헤아려지면서
진리께서 학비가 없어 진학의 꿈을
접어야 하는 학생들에게 공부할 기회를
그 친척을 통하여 이루어지도록 하시나 보다
하는 생각이 들면서
그 꿈이 꼭 이루어지도록 빌었다.
그 후 세월이 흘러 친척 가게는
날로 번창하여 갔다.
자주 만나지는 못했지만,
언젠가는 장학사업을 하겠지 하는
기대를 갖고 기다리다가
한 번은 조심스럽게 물어 보았더니,
가까운 내 부모·형제를 먼저 돕고 기쁘게
해 주는 것이 도리가 아니겠느냐고 했다.
교무님은 생각이 그렇게 바뀌어 버린

그 친척에게 무어라 할 말이 없었다.
기대가 사라지는 아쉬움이 있었으나
진리 앞에 물 떠 놓고 맹세한 것도 아니고,
'나한테 한 작은 약속인데 뭐'
하면서 잊어버리기로 했다.
그러고는 20년 세월이 흘러갔다.
어느 날 친척 모임에서 만난 그에게서
참으로 뜻밖의 소식을 듣게 되었다.
가게 경영을 바로 아래 여동생에게
다 맡기다시피 해 왔는데,
약 2년 전부터 동생이 독립할 마음을 먹고
개업 준비를 해오다가 내일 개업한다고
언니에게 털어놓더라는 것이다.
고객들이 같은 업종인 동생네 가게로
적잖이 옮겨간 탓에 심리적으로 받은
충격은 물론이고, 경영 면에서도 타격이 왔다.
그 이야기를 듣고 교무님 역시 충격이었으나

뭐라 위로할 말을 찾지 못했다.
그 후 얼마 뒤에 만난 친척 얼굴이
눈에 띄게 수척하여 안부를 서로 나누던 중
참으로 황당한 이야기를 또 들었다.
이번에는 시동생이 사업에 필요한
보증을 서 달라고 하도 조르는 통에
보증을 섰다가, 한순간에
살고 있는 집까지 내놓게 되었다는 것이다.
물론 교무님에게 자신의 포부를 말하고서
이행하지 않은 그 결과라고
딱히 단정할 수는 없으나,
약속했던 장학사업보다
형제를 돕는 것이 더 중요한 도리라고 했는데,
왜 하필 도와준 형제로 인해서 재산이
다 나가 버리는 큰 아픔을 당하게 되었는지
참으로 믿고 싶지 않은 우연이었다고 했다.
대산 종사님께서 심고에 대하여 말씀하시기를

"천지하감지위 할 때
나 자신이 진리에 위반이 있으면
천지가 아무리 하감하려고 해도 하감을 못한다.
그러므로 천지하감지위만 할 것이 아니라
내가 진리에 잘못이 있는가를 생각해서
참회하고 바른길로 나아갈 때
천지가 기운을 밀어주게 된다."라고 하시며
"부모하감지위, 동포·법률응감지위라
할 때도 속이거나 배은했거나
공정한 법칙을 지키지 아니하였으면
응감하지 아니하는 것이니
저녁에 깊이 참회하여 씻어버리고 털어버려야
응감이 된다.
그것은 한 번 두 번으로 되는 것이 아니라
열 번, 백 번, 천 번, 만 번
꾸준히 심고 생활을 하게 되면
사은의 기운을 받고 옹호를 받는다."라고 하셨다.

순일 무사한 마음으로 진실한 기도를 하고
지극 간절한 마음으로 하늘에 사무치는 기도를 하고
오늘도 내일도 금년도 내년도
끊임없이 일생을 쉬지 말고
정성으로 기도하여
마침내 진리의 위력을 얻을 때까지 해야 한다.

헌신 봉공하면서

진리는 두 가지를 동시에 주지 않는다.
하나를 얻기 위해서는 반드시
다른 하나는 놓아야 하는 것이다.
즉 그만큼 대가를 치러야 그 하나를 얻는다.
그렇기 때문에 큰 목적을 가진 사람은
자기의 소중한 것을 먼저 바치는 것이다.
내가 소유할 분(分)이 있고
수용할 양(量)이 있다. 그런데 만일
그 이상의 것이 나에게 들어오게 되면
마치 우물에 물이 가득 차면 그 이상은
흘러넘쳐 버리는 것과 같이
내가 소유할 양 외의 것은 나가게 된다.
진리도 기도하는 사람의 원하는 바를
이루게 하려면 정성스러운 공들임이 있다.

진리가 공들인 것에 대한 보답으로
그만큼 바쳐야 하는 것이 기도인의 자세요
성공을 이루는 기도의 원리이다.
기도할 때 기도비를 올리는 이유가
바로 여기에 있다.
간혹 사람들은 그 사람 생각하여 준다고
기도비 내지 말라고 하는 경우가 있는데
이것은 기도의 원리를 철저히 알지 못하고
그 사람의 복 지을 기회를
방해하는 결과가 되는 셈이다.
기도인은 기도의 마음가짐을 갖추는 동시에
기도비를 준비하여야 한다.
몇 해 전 잘 아는 교도님이
실력이 충분치 못한 친척의 입학을 위해
기도비를 주면서 기도를 부탁했다.
다행히 그 아이가 합격하였다.
그 후에 교도 몇 분에게 권하여

정리로 돈을 주고는 그 사람들을 위해
나에게 기도를 해달라는 것이었다.
친면이 있어서 정리로 주는 것도
송구한 일인데 알지도 못하는 사람의
돈을 받아 쓰고 맨손으로 법신불 전에
기도할 수는 없는 일이었다.
그래서 사무 보는 교무님에게
그분들의 명단과 그 돈을 건네주고
기도 명단에 올려
그분들을 위한 기도를 한 적이 있다.
지금 생각해 보면
가까운 인연을 위해서 기도를 하게 될 때
기도비를 준비하지 않고서 하면
정성이 나지 않았다.
그 사람의 처지가 꼭 기도해야만 되게
생겼으면 내가 대신 적게라도
기도비를 준비하여 그 사람을 위해

기도를 모시게 된다.

7, 8년쯤 되었을까

나와 함께 있는 교무님의 꿈에

한 교도님이 우리 아들 기도 좀 해달라고

역력하게 큰소리를 하더라고 하였다.

꿈을 그대로 다 믿을 수는 없지만

그래도 혹시 무슨 일이 있으려나 하고

평소 별로 연락하지 않고 지내는 그분에게

전화하였더니 그 교도님의 기분도 좋고

아들도 아주 좋은 상황이라 했다.

더 할 말이 없어서 전화를 끊었지만

그래도 서운해서 그 자부께 또 전화했다.

역시 모든 일이 잘되고 있다는 같은 대답이었다.

그래서 교무님께 우리가 꿈을 꾸었으니

작은 돈이지만 기도비를 준비하고

기도하자고 하였다.

그렇게 한 지 두 달쯤 지난 어느 날

그 아드님에게 어려운 일이 생겼다는
소식을 접하게 되었다.
물론 잘못이 없고 또 상처가 이미 아문 일이지만
혹시라도 정성스럽게
기도비를 준비해서 어머님이나 부인이
어디서든 일주일간이라도 기도했더라면
혹 그 일을 무난히 넘기지 않았을까 하는
생각을 해보았다.
기도비를 올리는 것은
어른을 찾아 뵙고 청원을 드릴 때
정성을 들이는 것과 같은 것인데
우리 교단에서는 이 기도비를
중생제도사업에 쓰게 된다.
한 번은 여자 교무님이 나를 찾아 와
기도해 달라고 부탁했다.
그 교무님의 이질녀가 고등학교에 다니다가
홀연히 집을 나가 소식이 없다는 것이다.

식구들이 나서서 백방으로 찾아보았지만
끝내 찾지 못하고 있다고 한다.
그래서 그 아이를 위해
기도해주어야겠다는 생각이 들었다.
마침 삼동원 건축할 때여서
범종을 만들어 걸려고 하던 참이라
종 불사에 합력하라 하였더니
쾌히 그러겠다고 약속했다.
그 말이 있은 뒤 기도를 시작했다.
그런데 우연이었는지 기도한지 며칠 안 되어
그 학생을 보았다는 소식이 있어 가족이 찾아가 보니
식당에서 일을 하고 있다가 며칠 후
꼭 집으로 돌아오겠다고 하더라는 것이다.
그렇게 해서 귀가한 아이가
검정고시 준비를 열심히 하였다.
그 아이의 대학입시 때도 기도를 했다.
시험을 보기 전날 밤 그 아이의 꿈에 교수가

강의를 하면서 칠판에 학생 이름을 크게
쓰더라는 것이었다.
그 후 합격했다는 소식을 들었다.
무슨 일을 소망하고 성공하기를 바라고
기도할 때 마음으로 간절히 공을 들이고
물질 헌공도 함께 하면
양면으로 공세하는 것 같아서
효과가 크고 빠르다.
그러므로 물질적으로 크게 희사도 하면서
기도할 때 위력을 입는다.
그리고 헌신 봉공하면서 해야 한다.
헌신 봉공은 자신의 사리사욕을 위해
노력하는 것이 아니라,
남의 이익을 위하여 정신·육신·물질로
바치고 노력하는 것을 말한다.
그러므로 기도하는 사람은 육신으로 남을 위해
봉사하고 정신적으로도 타인을 위해 노력하고

세계 평화를 빌면서 기도해야 한다.
대종사님께서는 일생을 사심 없이
전무출신 잘하면 업력이 녹는다고 하셨다.
현재와 같이 새로 집을 지어서
교화장으로 나가는 것이 아니고
곁방살이로 시작했던 과거에는
개척교화를 세 군데만 하고 나면 업력이
녹아내린다고 믿었다.
그만큼 혈심을 다하여 봉공하면
업보가 멸도된다는 뜻이다.
우리 성직자는 서원이 있다.
성불제중이란 서원은 작은 소망이 아니어서
가히 신명을 바쳐 적공하고 기도해야
비로소 이룰 수 있는 것이다.
만일 큰 서원을 가지고 기도하는 사람이
성불제중의 서원도 이루고 다른 세간 복도
동시에 누리려고 한다면

그것은 진리에 어긋난다.
범을 잡으려는 사람은 토끼나 노루를 만나도
총을 쏘지 않는다고 한다.
9인 선진님은 신명을 바쳐
이 회상의 법계인가를 얻어냈다.
우리 교단은 한두 분의 신명이 아니라
아홉 분의 신명을 바쳐 이룬 교단이요,
어떤 사람이 책상 앞에서 한 생각내어서
만든 회상이 아니라 대종사님의
구원겁래 세우신 서원으로 이루어진 회상이다.
그러기 때문에 우리도 신명을 다 바쳐
세상을 위한 무아봉공으로 기도해야겠다.
우리는 전무출신하여 교단에 바친 몸이다.
진리에 바쳤고 스승님께 바친 몸이다.
계교하지 말고 사량함이 없이 순일하게
바쳐버리고 오로지 법으로 살면서
기도한다면 못 이룰 일이 없을 것이다.

대산 종사 어머님께서는 생존 시에 아들과
한 달만 같이 지냈으면 좋겠다는
말씀을 하셨으나 그때 전무출신들은
사가 일에 그런 배려를 받을 수가 없어서
받들어 드리지 못하였었다.
열반하시게 되자 크게 헌공할 수도 없었고
평소 원하신 바를
받들어 드리지 못한 죄송함도 있어서
대산 종사님은 49일 동안 정성으로 기도드리면서
허물어진 도로도 고치고 다리를 보수하며
이 공덕이 어머님께 돌아가기를
염원하셨다고 한다.
만일 자신의 사사로운 욕심을 충족시키면서
또 자행자지하면서 기도한다면
기도의 공을 결코 입을 수가 없거니와
하고자 하는 일도 이룰 수가 없다.
그러므로 선인(先人)들은 세 가지 큰 불공

(三大佛供)으로 정진하면서 기도하였다.
주저함이 없이
신명도 다 바쳐버리는
불석신명의 불공(不惜身命佛供),
어떠한 고행도 능히 견디고 행하는
금욕난행의 불공(禁慾難行佛供)
나에게 있는 모든 것을 아낌없이 베푸는
희사만행의 불공(喜捨萬行佛供)으로
기도했던 것이다.
30여 년 전의 일로 생각된다.
당시엔 연탄을 때고 살던 시절이라 연탄가스를
마시고 사경을 헤매는 일이 허다하였다.
한 남자 교무님의 큰 자제가 가스에 중독되어
의식을 잃고 병원에 실려 갔는데
그 남자 교무님이 교단 일로 급히 서울에
출장을 가야만 할 형편에 있었다.
좌우에서는 자식이 사경에 있는 만큼

공사도 중요하지만
차마 출장 가라고는 하지 못하는 형편이었다.
그러나 그 교무님이 조금도 주저하지 않고
출장을 떠나자, 그때 대산 종사님께서
"저 아이를 살려달라고 기도할 명분이 선다."
라고 하셨다.
몽땅 바치고 기도해서 이루어지지 않는다면
진리가 아니다.
그러므로 온통 바치면서 시도해야 한다.
그때 진리의 감응을 받게 된다.
그리고 보은 불공하면서 기도해야 한다.
우리는 사은의 은혜 속에서 살기 때문에
기도의 위력을 얻으려면
사은의 감응이 있어야 하므로
보은 불공하면서 시도해야 한다.
진리는 허공법계에 좌정하고 계시는 것이 아니라
사은을 통해서 화현하므로

죄복의 권능이 사은에 있는 것이다.

음계(陰界)의 인증이

곧 양계(陽界)를 통해서 나타나기 때문에

양계(陽界)인가가 필요하고

사은의 감응이 중요하다.

그러므로 심공을 들이되

사은에 겸허하게 지성으로 불공드리고

또 선행을 쌓으면서 진리 전에 기도해야

그 감응이 빠른 것이다.

그리고 공적(公的)으로 기도해야 한다.

설사 사적인 기도를 하더라도

공적인 길을 찾아내는 것이 진리 앞에 명분이 선다.

가령 자식의 시험을 앞두고 기도할 때

자식의 출세를 위해

합격하도록 비는 것이 아니라

자식이 시험에 합격해서 사회 국가에 공헌하는

국가에 필요한 인재가 되도록 기원할 때

진리계에서는 합격시켜야 할 명분이
있게 되는 것이다.
내가 성불을 기원할 때 제중할 힘을 주시라고
기원하는 것과 마찬가지다.
그리고 공사일지라도
사사로운 욕심으로 기도하면
진리가 응하기 곤혹스러울 것이다.
나의 욕심은 말끔히 비워버리고
내 주견과 집념도 놓아버리고
참으로 공인답게 오직
진리의 뜻, 대종사님의 뜻, 교단의 뜻으로
이루어지기를 기도해야 한다.
국가나 교단 또는 나 개인에게 어려운 일이 닥치면
우리는 언제나 먼저 기도를 통해서
그 일이 하늘의 뜻으로 결정이 되고
진행이 되도록 해야 한다.
내가 처음으로 수위단에 피선된 때가

중앙훈련원 건축할 당시였다.
나로서는 그 일이 너무나 큰일이었고
정신·육신·물질 어느 면으로나
약질 폐꾼이었다.
이때 대학에서도 건축현장이 있었는데
거기도 물론 어려움이야 있었겠지만
자고 나면 쑥쑥 올라가는
대학 건물을 보고 있노라면
이백 근이나 되는 짐을 내 어깨에
지워놓은 것 같아 일어나기는커녕 땅바닥에
그대로 주저 눌러 엎드려서 간신히
고개만 돌리고 있는 듯하였다. 그래서
교무회의에서 그동안의 상황 보고도 하고
합심 협력해 달라고 부탁하려고
시간을 좀 달라고 하니 안된다고 거절했다.
그 이유는 수위단 선거가 며칠 뒤에
있을 터인데 대중 앞에 얼굴을 내밀면

그것이 선거 운동이 된다는 것이었다.
그때 나는 스스로 반문해 보았다.
수위단이 되려고 그러느냐?
수위단 되는 것이 싫은 것은 아니지만
욕심으로 하고 싶냐 하고
내 마음을 들여다 보았다.
그리고 법신불 전에 이렇게 기도하였다.
'밖으로 겉 수위단이 되고 안 되는 것은
대중이 알아서 할 일이고
나의 소망은 속 수위단이 되어
참으로 교단에 필요한 사람 되게 하소서.'
남이야 알아주든 몰라주든
내 스스로 인증하는 수위단이 되고
진리의 인증을 받고 당당히 설 수 있는
수위단이 될 수 있도록 해달라고 기도하였다.
그 후로도 교단적으로 큰일이 있을 때,
즉, 법위 사정이나 교단적으로

어떤 고비를 넘겨야 할 때면
사사로운 마음이나 내 욕심대로
되게 하지 마시고 진리와 대종사님 뜻으로,
교단의 뜻으로 되게 하시라고 기도하였다.
또 국가나 세계적인 일이 생겼을 때도
욕심 많은 인간의 뜻으로 되게 하지 마시고
천의로 결정이 되어지고
천의로 진행시켜 주시도록 기도했다.
그리고 그 일이 결정되면 나는
내가 원하던 일이든 원하지 않던
일이든 간에 천의라고 믿었다.
일도 마찬가지지만 천의로 결정된 사람은
설사 100% 완벽한 인격자가 아니더라도
그 자리에 갈만한 복과 덕이
있었던 것으로 믿었다.
진리가 하고자 하는 일을 그 사람으로 하여
100% 다 성취하지는 못하더라도 그 몇 %는

그 사람이어야 이룰 수 있기 때문이라 믿고

그 사람이 일하도록 밀어주고 싶었다.

100% 지지를 얻어서 되었거나,

그렇게는 못되었더라도

일단 그 자리에 앉게 된 이상

앞으로의 일은 그 사람의 권한으로 믿었다.

이제부터 잘하고 못 하는 것은

곧 그 사람의 책임이다.

능력이야 천부적이니까 어쩔 수 없더라도

진실하고 청백하게 해서

큰 오점이 없기를 빌어 주었다.

끝으로 유의할 점은

기도할 때 기운이 풀리고 허허벌판에 선 것처럼

무엇을 더위잡을 수 없고

기도가 오롯해지지 않을 때가 있다.

그러한 때도 좌절하거나 포기하지 말고

자신의 마음 풀어진 상태를 가만히 지켜보면서

여유와 용기를 가지고 새롭게 법신불을
마음에 모시고 기도를 꼭 챙겨야 한다.
멀고 험난한 길을 가는 사람이 도저히 앞으로
더 나아갈 수 없도록 지쳐서 무릎이 꺾이면
자기 몸을 일으켜 또 걸어가듯이
챙기고 또 챙겨서 기도해야 한다.
그렇게 해도 잘 안될 때는 육신봉사를 하거나
물질적으로 아낌없이 바치는 심경으로
헌공을 하는 것도 좋다.
그리고 또 어떤 목적으로 기도를
정성껏 드리는데도 아무 반응이 없을 때는
진인사대천명(盡人事待天命)으로 알고
인간이 할 수 있는 일만 다하고
성공은 하늘에 맡겨야 한다.
만일 욕심으로 하거나 욕속심(慾速心)으로 하면
사심이 되기 쉽다.
자신의 업력이 다하지 않았거나

교단의 운이 아닐 때는
여유 있게 기다릴 줄도 알아야 한다.

미흡한 대로 기도에 대해 대략 밝혔으나
하고 안 하는 것은 각자에 달렸다.
그러나 다시 한번 간절히 권하노니
서원이 있는 사람이
어찌 기도를 안 할 수 있으리오.
바른길이 있으니
정성을 다해 기도하면
원하는 바가 진리 안에서 진실로
뜻대로 이루어지리라 믿는다.

편집후기

백제의 옛 왕도 부여 개척지의
그 간고하던 시절에
내 마음을 끝없는 경외감으로 채워주던
예타원 전이창 종사님의 기도 법문을
조그만 책자로나마 펴내어
많은 이들과 공유하고 싶었다.
교역자 훈련 기간에 설하신 기도법문이
초고가 되었고
청하고 또 청한 끝에 겨우 어렴풋이
고개 끄덕여 주시어 빛을 보았다.
원기75년(1990)이었으니
어느덧 9년이란 세월이 훌쩍 흘렀다.
몇 차례나 거듭 정성을 쏟아서
다시 다듬은 한 자 한 자는

예타원 종사님의 혼으로 적시어진
그대로 경건한 기도이다.
진리에 대한 믿음이 없고
자연에 대한 경외심도 없이 살아가는
삭막한 현대인들의 메마른 가슴속에
진리에 대한 믿음과 경외심을 불러일으키고
때때로 허허벌판에 선 듯
막막한 우리 수행자들에게
용기와 희망을 불어넣어 주리라 믿는다.
진리를 향해 쉬지 않고 나아가도록 이끌어 줄 것이다.
오늘을 어렵게 살고 있는 우리 이웃이 다 같이
기도를 통하여 진리에 눈뜨고
일원의 위력을 얻어가기를 바라는 마음 간절하다.
끝으로 보산 고문국 박사님께서
귀한 시간을 내어 도움을 주신 것에
깊이 감사드린다.

김지정 합장

기도

2023년 6월 30일 개정판 1쇄 발행
2025년 12월 30일 개정판 2쇄 발행

지은이 전이창

펴낸이 주영삼
펴낸곳 원불교출판사
출판등록 1980년 4월 25일(제1980-000001호)
주소 54536 전북특별자치도 익산시 익산대로 501
전화 063)854-0784
팩스 063)852-0784
홈페이지 www.wonbook.co.kr
인쇄처 문덕인쇄

ISBN 978-89-8076-404-4(03200)
값 8,000원

낙장 및 파본은 교환하여 드립니다.